U0604552

犯罪故意认识因素
研　究

张蔚伟／著

FANZUI

GUYI

RENSHI

YINSU

YANJIU

知识产权出版社
全国百佳图书出版单位

图书在版编目（CIP）数据

犯罪故意认识因素研究/张蔚伟著. —北京：知识产权出版社，2016.11

ISBN 978 - 7 - 5130 - 4729 - 6

Ⅰ.①犯… Ⅱ.①张… Ⅲ.①故意（法律）—研究—中国 Ⅳ.①D924.114

中国版本图书馆 CIP 数据核字（2016）第 322464 号

内容提要

长期以来，以意志本位与结果本位为核心的我国刑法故意理论对认识因素研究影响颇深。对认识因素的研究尚未引起刑法学界应有的重视。本书从认识因素的内容、认识因素的程度、认识因素的认定等方面对犯罪故意认识因素予以全方位阐述，对正确理解和界定认识因素，并对确定行为人的罪过形式以及准确追究其刑事责任具有重要意义。

责任编辑：崔　玲	责任校对：潘凤越
装面设计：棋　锋	责任出版：刘译文

犯罪故意认识因素研究

张蔚伟　著

出版发行	知识产权出版社有限责任公司	网　　址	http：//www.ipph.cn
社　　址	北京市海淀区西外太平庄 55 号	邮　　编	100081
责编电话	010 - 82000860 转 8121	责编邮箱	cuiling@cnipr.com
发行电话	010 - 82000860 转 8101/8102	发行传真	010 - 82000893/82005070/82000270
印　　刷	三河市国英印务有限公司	经　　销	各大网上书店、新华书店及相关专业书店
开　　本	720mm×1000mm　1/16	印　　张	16.25
版　　次	2016 年 11 月第 1 版	印　　次	2016 年 11 月第 1 次印刷
字　　数	250 千字	定　　价	42.00 元

ISBN 978-7-5130-4729-6

出版权专有　侵权必究

如有印装质量问题，本社负责调换。

摘　要

我国《刑法》第 14 条规定："明知自己的行为会发生危害社会的结果，并且希望或者放任这种结果发生，因而构成犯罪的，是故意犯罪。"犯罪故意作为刑法总论中的重要理论内容，主要涉及人的主观心理及其规范评价的问题。因此，对犯罪故意问题的研究不能仅局限于刑法学，还须借鉴心理学、社会学、伦理学等其他社会学科的理论观点。刑法理论在对犯罪故意进行解说时，一般认为故意由认识因素与意志因素构成，认识因素是意志因素的前提或基础，意志因素是认识因素的发展或决意。正确理解和界定认识因素对确定行为人的罪过形式以及准确追究其刑事责任具有重要意义。

全文除导论外，共分为五章。

第一章为认识因素概述，主要讨论认识因素的内涵、认识因素的特征、认识因素与相关概念的辨析三个方面的内容。对于认识因素的内涵，本书从哲学、心理学、刑法学的角度加以阐述，力求正确揭示认识因素的本质。犯罪故意的认识因素作为行为人的主观心理活动，通常是以具有一定的意志自由为前提的，但其又不同于一般的心理过程，认识因素是心理事实与规范评价的统一。另外，在对犯罪故意认识因素进行分析讨论时，必须认真厘清认识因素与相关概念的关系，找出相关概念之间的联系和区别。本章将着重分析认识因素与意志因素、认识因素与情感因素、认识因素与行为意思三对概念，以期更好地理解认识因素的内涵和外延。

第二章是对事实性认识的探讨，事实性认识是指行为人对构成要件事实的认识。首先，在对大陆法系各国刑法与我国刑法关于事实性认识的理论进行比较研究后，得出事实性认识的内容是为违法性提供基础的客观事实的结论。其次，将事实性认识的内容分为对行为事实的认识、对行为结果的认识、对行为主体的认识、对行为客体的认识、对"情节严重""情节恶劣"要素的认识、对法定刑升格条件的认识、对规范性构成要件要素的认识、对无违法阻却事由的认识八部分予以论述，并对不需要认识的内容与特殊犯罪类型的认识因素展开讨论，很大程度上体系性地还原了事实性认识内容。

第三章是对违法性认识的研究，在对有关国家及地区违法性认识立法进行考察后，再对各国具有代表性的违法性认识内涵的观点进行比较，认为违法性认识的内涵是指对刑事违法性的认识。对于一直困扰我国理论界的违法性认识与社会危害性认识的关系问题，本书赞成社会危害性认识与违法性认识择一说。择一说能有效地弥补各种学说的不足之处，正确反映社会危害性与违法性的关系，符合我国刑事法治发展的趋势。

第四章重点分析了犯罪故意认识因素中的认识程度问题。认识因素包含认识内容和认识程度两个层次的问题，如果说犯罪故意的认识内容说明了行为人注意的视野范围，那么，犯罪故意的认识程度证明了行为人对其行为发生危害社会结果的可靠性的具体判断。本书在对"明知"进行重新解释的基础上，引入"可能知道"的概念，使得认识因素的层次更加清晰。行为人对犯罪事实的认识程度影响着其刑事责任程度。因此，正确理解行为人对行为和危害结果的认识程度，对于确定行为人的罪过形式和内容具有重要的意义。

第五章主要是对认识因素的认定问题进行探讨。由于内心主观要素具有主观性、不可捉摸性，对行为人主观内心要素的认定或证明一直是刑事司法领域中的一个难题。本书从实体法和程序法相结合的角度，将事实性认识的认定分为证明的明知与推定的明知，主张在出现不能通过证据对行为人的认识状态予以证明的情况下，通过运用推定的方法来解决行为人主观要素证明困难的问题。在认定行为人违法性认识的问题上，主张行为人在对构成要件事实有认识的前提下，一般都具有违法性认识。只是在某些特殊情况下，才例外地予以否认，而且必须只有是在具有正当理由的情况下才允许例外。

关键词：认识因素　认识内容　认识程度　推定

ABSTRACT

According to Section 14 of the Criminal Law, "An intentional crime refers to an act committed by a person who clearly knows that his act will entail harmful consequences to society but who wishes or allows such consequences to occur, thus constituting a crime". The criminal intent is an important theoretical content in criminal law, it mainly related to the issue of people's subjective psychological and its normative evaluation. Therefore, criminal intent is not only a question of criminal law, but also it must learn theoretical perspectives of psychology, sociology, ethics and other social sciences. When explain the crime intention, theory of criminal law generally considers intention constitutes factors of cognition and will. Cognition factor is the premise or basis of the will factor, will factor is development or determination of the cognition factor. It is very important to understand and define the cognition factor so as to determine the form of sin and accurately determine the criminal responsibility.

In addition to the introduction, the paper is divided into five chapters.

The first chapter is the outline of cognition factor, it mainly discusses the cognition factor and its related concepts, connotation and characteristic of cognition factor. In view of connotation of cognition factor, the paper elaborates from philosophy, psychology, criminal law perspective, seeks to reveal the nature of the correct cognition factors. Cognition factor of intentional crime is the perpetrator's subjective mental activity, it is usually a process with some libertarian premise different from the normal psychological which is the unity of recognizing factor and normal evaluation. When we discuss the cognition factor of the crime intentions, we must clarify the relationship between cognition factor and its related concepts, identify the links and differences of related concepts. In this chapter, it focus on cognition factor and will factor, cognition factor and emotional factor, cognition factor and behavior factor, so that we can better understand the connotation and extension of cognition factor.

In chapter two, it discuss the factual knowledge. The factual knowledge is the knowledge of fact of the constituent elements of the perpetrator. First, after comparative study of the theory of knowledge of continental criminal law and Chinese criminal law, it concludes that factual knowledge provides basic objective facts of the illegality . Second, it divides factual knowledge as follows, understanding of the behavior facts, understanding of the results of behavior, understanding of the subject, understanding of the object, understanding of serious case, understanding of vile, understanding the elements of legal punishment upgrading, understanding of constituent elements of normative elements, understanding of no offense negates . It discusses the knowledge factors of the intents of no needed knowledge and specific criminal type.

The third chapter studies the knowledge of illegality. After discusses illegal cognition of related countries and regions, it compares different connotations of knowledge of illegality of representative countries. It concludes that connotation of knowledge of illegality is the understanding of criminal offense. For the relationship of illegal cognition and social dangers which has been plagued our countries' theorists, the paper is in favor of choosing one of understanding of social dangers or understanding of illegal. It can effectively make up for the shortcomings of the various theories, accurately reflect the relationship of the social harm and illegal which is in line with the development trend of China's criminal law.

In chapter four, it analyzes level of awareness of the cognition factor of intentional crime. Recognizing factors include the degree of awareness and the contents of understanding. The understanding of the behavior of the criminal intent explains the view of behavior, the degree of awareness of intentional crime proves specific judgments of behavior to the reliable harmful social consequences of his actions. Based on the reinterpretation of knowing that the introduction of the concept may know, making the level of understanding of factors, it introduces concepts of "may know". which makes the level of understanding factors clearer. Perpetrator's knowledge of the facts affects the degree of his criminal responsibility. Therefore, to correctly understand the level of awareness of the harmful consequences and behavior of the perpetrator determines the form and content of responsibility of perpetrator.

ABSTRACT

The fifth chapter discusses the issue of determination of cognition factor. Since the inner subjective element is subjective, elusive, it has been a problem of criminal justice fields to identify or prove the perpetrator's subjective inner elements. From the combination of substantive and procedural law, it divides determination of factual understanding into the proof understanding and the presumption understanding. In case of no evidence to prove the the state of behavior, the paper suggests the use of presumption methods to solve subjective elements of the perpetrator. In identifying the perpetrator's illegal cognition, the paper advocates that perpetrator has cognition of illegality when the perpetrator knows the facts of constitutes. Only under certain special circumstances, it can deny that perpetrator has cognition of illegality in the case of good cause as exception.

KeyWords: cognition factor, contents of cognition factor, degree of cognition factor, presumption

目　录

导　论

一、研究的理论背景及意义

如果不怀有偏见，任何人都不会否认罪过理论是一个陈旧的传统议题，但其也因为地位重要而成为一个常新的永恒的命题，正如奥地利刑法学者凯尔逊（Hans Kelsen）所言："罪过之所以存在，是因为存在着刑罚，既然刑罚存在，所以它也存在。"❶ 当立法者注意到"自由自觉的活动恰恰就是人类的特性"❷ 时，罪过观念便已产生。早在中国古代，便存在"论罪务本其心"的司法原则。但是，人类对自身的认识进程远远比对自然界的认识进程缓慢得多。罪过问题的意义，直到现在才逐渐为立法者和研究人员所重视。随着法律文明的进化，罪过理论终于成为支撑刑法理论大厦的支柱之一。

我国《刑法》第 14 条第 1 款规定："明知自己的行为会发生危害社会的结果，并且希望或者放任这种结果发生，因而构成犯罪的，是故意犯罪。"犯罪故意作为刑法总论中的重要理论内容，主要涉及人的主观心理及其规范评价的问题。因此，犯罪故意不只是一个刑法学问题，还须借鉴心理学、社会学、伦理学等其他社会学科的理论观点。刑法理论在对犯罪故意进行解说时，一般认为故意由认识因素与意志因素构成，认识因素是意志因素的前提或基础，意志因素是认识因素的发展或决意。正确理解和界定认识因素对确定行为人的罪过形式以及准确追究其刑事责任具有重要意义。

---

❶ 转引自：沙尔果洛特斯基. 现代资产阶级刑事立法与刑法学 [M]. 成玉，译. 北京：法律出版社，1965：34.

❷ 马克思恩格斯全集（第 42 卷）[M]. 北京：人民出版社，1979：95.

　　长期以来，以意志本位与结果本位为核心的我国刑法故意理论对认识因素研究的影响颇深。对认识因素的研究尚未引起刑法学界应有的重视。有关研究成果无论是从深度上还是广度上都存在明显不足，更谈不上有充分深入的研究。首先，认识因素乃是对构成要件事实的明知，根据哲学认识论中的事实和价值二元理论："社会生活中人们对事物的认识总是具有两个方面的内容，一方面是弄清事物的固有的自然属性，从而知道事物本身是什么，其内在的规定性和外在的结构如何；另一方面弄清事物同人类自己的生存和发展的关系，从而知道事物对人们利益的正负或中性的作用"。❶ 所以，对事物的认识可分为两个层面：一是对事物自然属性的认识，主要是一个事实判断的过程；二是对事物价值属性的认识，主要是一个价值评判过程。对犯罪构成要件事实的认识也可同样适用这一原理。我国刑法理论对构成要件事实的认识主要是指对行为、结果及其相关要素的认识。在这一认识过程中，行为人的认识内容到底包括哪些内容，是否包括对因果关系的认识、对行为对象的认识等。我国现行事实性认识理论主要是以危害结果为中心，关于具体事实性认识的范围还存在较大的争议，实践中发生的"天价葡萄案""文物价值误解案"等已对现行认识理论形成了巨大的挑战。在对认识因素的价值评判方面，主要存在违法性认识是否为构成故意的必备要素及违法性认识与社会危害性认识的关系等问题。我国刑法理论坚持"不知法律不免责"的立场，认为违法性认识不是故意的构成要素，在认识因素价值判断方面主张社会危害性认识而非违法性认识

---

　　❶　参见：冯亚东. 理性主义与刑法模式［M］. 北京：中国政法大学出版社，1999：19.

为故意的构成要素。其次，在认识程度问题上，我国刑法通常以明知自己的行为必然或可能发生危害社会的结果来区分直接故意与间接故意，又因相关立法和司法解释用"知道"或"应当知道"等内容模糊的概念来界定明知，使得对认识程度的研究出现了一定的混乱。最后，因内心主观要素具有主观性、不可捉摸性，加上行为人由于与案件有着利害关系，通常对自己的内心世界不置可否、闪烁其词，这样就更加增大了证明的难度。一旦行为人以此作为抗辩理由，缺乏适当证明手段的控方有时会理屈词穷、难以招架。对行为人主观内心要素的认定或证明一直是刑事司法领域中的一个难题，对于怎样认定行为人是否对构成要件事实具有认识，我国刑法理论要么一笔带过、点到为止，要么语焉不详、未深入展开。

二、本书的研究方法

每一种学问的研究都需要一定的方法，或通过特定的方式来答复自己所提出的问题。❶ "人类科学研究的历史证明，认识方法的变革必然导致科学本身的变革，理论的创新往往来源于方法论的创新。"❷ 可见正确的方法对一门学科研究的重要性。鉴于认识因素理论的主观性与复杂性，本书拟采用多元化的研究方法，以使本书的研究更具科学性。

第一，理论联系实践的研究方法。刑法学作为一门实践性很强

❶ 卡尔·拉伦茨. 法学方法论 [M]. 陈爱娥，译. 北京：商务印书馆，2003：19.
❷ 赵秉志. 面向 21 世纪的中国刑事法学 [J]. 中国人民大学学报：哲学社会科学版，2000（6）.

的学科，是以马克思辩证唯物主义原理为指导的，理论联系实践的方法要求我们将理论和实践紧密结合起来，以正确的理论指导实践，以客观的实践丰富、发展理论。一方面，本书通过对犯罪故意认识因素的概念、认识内容、认识程度以及认识因素的认定等方面进行分析论证，形成科学性、体系性的认识理论，对司法实践中行为人的认识问题进行解释和说明；另一方面，通过对实践中相关案例的分析，从理论上对有关现象进行提炼和总结，进一步丰富、发展故意认识理论。

第二，比较的研究方法。鲁迅先生曾指出："没有拿来的，人不能自成为新人，没有拿来的，文艺自不能成为新文艺。"他山之石，可以攻玉。对不同国家和我国不同时期的认识理论进行比较研究，找出可供我国借鉴的科学成果，有利于我国刑法认识理论的发展。因此，本书重视对各国认识理论的比较考察与外向型研究，这样有助于加深对各国认识理论的了解和掌握，拓宽研究视野，获得对这一问题的规律性认识。

第三，历史的研究方法。刑法具有鲜明的时代性，又有着明显的继承性。所以，研究以往刑法对同一问题的规定，有助于理解现行刑法的精神。本书通过历史的研究方法对故意认识理论的历史源流进行系统的梳理，这样有利于还原认识理论的本来面貌，充分体会认识理论所蕴含的深刻哲理。

第四，刑事一体化的研究方法。储槐植教授曾指出："刑事一体化作为刑法学研究方法，重在化字，即深度融合……作为刑法学方法的一体化至少应当与有关刑事学科（诸如犯罪学、刑事诉讼法学、刑事政策学等）知识相结合，疏通学科隔阂，关注边缘现象，推动刑法学向纵深开拓。"❶ 对于刑事一体化的研究方法，笔者深以为然，本书的研究也注重结合刑事诉讼法学、社会学、刑事政策学的知识和研究方法。如本书第五章在有关认识因素的认定上，笔者主张通过推定的方法来认定行为人对构成要件是否具有认识，很好地解决了主观因素证明难的问题。

导
论

---

❶ 储槐植. 刑法研究的思路 [J]. 中外法学，1991 (1).

第一章

认识因素概述

第一节　认识因素的内涵

一、哲学意义上的认识因素

生活在现实世界的人们，为了自身生存和发展的需要，通过各种手段和途径认识和改造着客观世界。在这一过程中，人们依靠自己的意识和思维来反映或认识客观世界的各类事物，随着认识深度和广度的不断扩大，人们自身认识和改造世界的能力也在不断增强。那么，究竟什么是认识？认识的主体和客体又是什么？人们为什么在改造客观世界的同时需要认识客观世界？要回答上述问题，对认识本身的研究就变得十分必要。因此，"人们在认识外部现实世界的基础上，也确实在努力建立对认识本身进行认识的科学"，[1] 这种对认识本身进行研究的科学就是认识论。认识论是马克思主义哲学关于认识的来源、本质及其规律的学说。这一理论坚持反映论的观点，认为客观的不依赖于人的意识而存在的物质世界是认识的对象和源泉，认识是主体对客体的反映，是客观世界的主观映象。和形而上学唯物主义不同，辩证唯物主义认为反映不是对客观世界的消极被动的直观，而是主体在改造客体的实践基础上发生的积极地、能动地再现客体的本质和规律的过程。认识论作为辩证唯物主义的重要组成部分，是关于人类的认识来源、认识能力、认识形式、认识过

---

[1]　夏甄陶. 认识论引论 [M]. 北京：人民出版社，1987：2.

程和认识真理性问题的科学认识理论。它首先是可知论，认为客观物质世界是可知的。人们不仅能够认识物质世界的现象，而且可以透过现象认识其本质。人类的认识能力是无限的，世界上只有尚未认识的事物，没有不可认识的事物，从而与不可知论划清了界限。它的基本前提是反映论。认为物质世界是不依人的主观意志而独立存在的，人的意识是物质长期发展的产物，是人脑的机能，是对物质世界的反映。坚持从物到感觉和思想的唯物主义认识路线，从而与从思想、感觉到物的唯心主义认识路线划清了界限。它是实践论。它把辩证法应用于认识论，强调人的认识是一个不断深化的能动的辩证发展过程。认识的辩证法，表现在认识和实践的关系上，认识来自实践，又转过来指导实践，为实践服务。表现在认识过程中，人对世界的认识不是一次完成的，而是一个多次反复、无限深化的过程。辩证唯物主义认识论认为：认识是人脑对客观世界的能动的反映。其主张认识论的本质就是反映论，例如，革命导师列宁在其著作《哲学笔记》中指出："认识是人对自然界的反映，但是这不是简单的、直接的、完全的反映，而是一系列的抽象的过程，即概念、规律等的构成、形成的过程，这些概念和规律等有条件地近似地把握着永恒运动着的和发展着的自然界的普遍规律性。"❶ 从上述论断可以看出，认识不是一种机械性、简单直接性的反映，而是一种具有能动性、创造性的反映过程。因此，"反映"和"能动性"为认识含义的核心要素。何为"反映"？黑格尔认为："反映或反思（reflexion）这个词本来是用来讲光的，当光直线式地射出，碰在一

---

❶ 中共中央马克思恩格斯列宁斯大林著作编译局. 列宁全集（第38卷）[M]. 北京：人民出版社，1986：194.

个镜子上时，又从这镜面反射回来，便叫作反映。"❶ 认识论主张反映乃认识主体与认识客体之间的相互作用关系。认识主体为具有物质生理感官系统和理性思维的社会人，认识客体为不依赖于人的意识的客观存在。两者相互作用关系的实质在于：主体认知客体并在头脑中形成客体的观念映象，客体被主体所认知并成为主体的观念内容。所以，反映关系不同于实践改造关系，它并不改变现存客体的状态和性质。另外，有学者主张所谓"全面的反映论"，即认为情感和意志等非理性因素也是人们对客观现实的反映，应纳入认识论的研究范围。但是，笔者认为认识之于反映与情感，意志因素之于反映，两者具有不同的作用和意义。前者是指主体对客观存在的事物及其本质和规律的认识，而后者则是指主体在实践过程中对自身行为的态度和行动意向。认识、意志、情感等要素相互关联，上述"全面的反映论"其实是"意识论"，在研究认识的过程中应看到意志、情感因素的重要作用，但不应主张意识论取代认识论。关于"能动性"，在认识过程中，主体的能动性一直存在并发挥作用。其基本特征主要表现在以下两个方面：一是主体的选择性，认识客体不依赖意识而存在却为意识所反映。面对纷繁复杂的客体，认识主体根据事物本身或其某些方面的性质能否满足自身的价值需求，通过一定的认识中介或认识方法选择一定范围的事物成为认识或反映的对象，最终将认识结果运用于实践并通过实践检验正确与否。于是在这一过程中，主体的价值需求与自身的认知结构成为决定选择与否的关键。认识主体只会将自身认为具有价值和满足某种需要的

---

❶ 黑格尔. 小逻辑 [M]. 北京：商务印书馆，1980：242.

事物作为认识或实践对象，以期实现追求和创造价值的目的。另外，主体的选择性又受认识主体自身的认知结构所制约，主体的出身、知识结构甚至阅读范围决定其认知能力。认知结构决定认识视野及其范围，在认识过程中，主体通过认识客观事物及其规律扩充知识、提升认知能力并改变自己的认知结构，同时，随着主体能力的提高，认识范围得到扩大。总之，主体在接受、吸收、运用信息时都是其主观能动性的反映。二是主体的创造性，在实践活动中，认识不仅仅是对客体的简单复写或反映，为获得对事物本质规律的认识，以便更好地改造社会和服务实践，主体在认识过程中必须充分发挥主观能动性。西方哲学家鲍恩（Baun）认为："认识绝不是一种存在的秩序的被动的反映，更不是外部的现成知识的被动的接受，而必须把它看作是在我们思想内部、为了我们的思想并由我们的思想本身所进行的对于对象的一种积极的创造。对象之变成我们的对象必须经过我们自己的创造活动，我们凭这种活动而为意识创造对象。"❶ 综上所述，认识是反映的一种特殊的高级形式，绝不是被动、消极地反映客观事物。不同于照相机拍照或镜子反射人体，人脑作为具有较高认知能力和思维能力的器官，其对客体的反映是一种能动的、观念性的反映。当主体反映客体并在头脑中形成观念映象时，不仅仅是在感觉器官中留下印记而已，还必须有主体积极性、创造性的活动在发挥作用。生理器官感觉到的事物经过头脑积极的创造性思维的作用，产生对事物本质和规律的认识，也就是说，在认识过程中，反映和创造是密不可分的，二者共同构成认识的本质。

---

❶ 参见：刘放桐，等. 现代西方哲学［M］. 北京：人民出版社，2000：661.

"如果反映不包括创造，就不可能揭示事物的普遍的本质和规律，也不可能为实践的结果预先建立起观念的模型。反之，如果创造不以反映为前提或基础，人们就只能主观在内心冥思苦想，就不能获得创造的材料和内容，不能掌握创造的根据和尺度。"❶ 从总体上看，作为一种特殊的反映形式，哲学意义上的认识是一种主体与客体相互作用但又具有相对独立性的精神心理过程，是主体对客体能动创造性的反映。哲学上的认识论是各学科认识理论的基础，为各学科认识理论的发展和研究开辟了道路，指明了方向。

二、心理学意义上的认识因素

人的意志行动都有其内在的心理过程，恩格斯曾指出："推动人去从事活动的一切，都要通过人脑，甚至吃喝也是由于通过人脑感觉到饥渴引起的。"❷ 晋代律学家张斐也认为："心感则情动于中，而形于言，畅于四支，发于事业。"❸ 诚如斯言，现代心理学认为，意志行动的基本模式是由刺激—需要—动机—目标—行动—满足等环节构成的，从刺激到行动有着特定的心理桥梁，而心理过程是指心理现象产生、变化、发展的过程。在心理学上通常认为心理过程主要由认识过程、情绪情感过程和意志过程三部分组成，三者紧密联系且具有时间上的连续性。其中，认识过程是指人们在认识客观外部世界时所表现的心理过程。只有当人脑反映出某一事物的属性

---

❶ 夏甄陶. 认识论引论 [M]. 北京：人民出版社，1987：172.
❷ 参见：马克思恩格斯选集：第4卷 [M]. 北京：人民出版社，1975：228.
❸ 参见：陆心国. 晋书刑法志注释 [M]. 北京：群众出版社，1986：84.

时，才能感受到某种刺激。同时，人会产生一定的态度，如喜悦、仇恨、厌恶等，从而产生某种需要，这就是情感过程，在认识的推动下，基于情感的支配，为了满足需要，便须提出目标，制订计划并付诸行动，这就是意志过程。认识、情感、意志是一切意志行动必备的三种心理现象，反映着意志心理过程的不同侧面。任何意志活动都是知、情、意三者紧密联系、彼此交融的统一体。对于认识客观事物，具体来讲包括感觉、知觉、想象、记忆、思维等认知要素构成。在这些要素中，感觉是心理过程的原点，是人的反映对外部世界的初体验，知觉是对客观事物有联系性的、整体性的反映，知觉不同于感觉，不是感觉的简单相加，而是综合加工多种感觉信息的复杂的心理过程。想象是指在知觉所获得材料的基础上，对人脑中已经形成的观念映象进行加工改造后形成新形象的心理活动。思维是对事物本质和规律的高级反映形式，是人脑对客观现实的概括或间接性的反映。另外，人们在认识外在事物的过程中，心理不可能是一成不变、无动于衷的，这种心理情绪有一定起伏倾向的过程是情绪过程。再者，人与动物不同，往往在一定的活动中设定目标，有意识地选择和控制自己的行为，通过排除万难或有计划地实行来达到目的。这正是意志在心理过程中的表现。在人的心理过程中，认识心理是情感心理和意志心理产生的基础，人的行为正是在认识因素的基础上并在情感因素的刺激下和意志因素的决意下产生的。所以，认识因素在心理过程中起着基础和核心作用，具有重大的理论或实践意义。认知心理学认为人的认识活动是一个精密、复杂的心理过程。具体来讲就是指人通过感觉器官对来自外部的刺激经过自身思维加工处理的心理活动。现行心理学通常用信息输入及加工理论来解读认识过程，其基本理论观点就是将人脑认识反映功能与计算机的信息处理方式相类比。得益于信息科学技术的发展，20 世纪 50 年代中期，部分西方心理学家从信息论的研究中得到灵感，他们认为：虽然人脑的认知神经结构不同于计算机信息处理系统，但是完全可用计算机处理信息的程序来解释人的认识过程。当外部信息输入计算机后，对输入的信息进行编码并进而产生新的表现形式，这一工作机制在理论上被称为信息输入加工系统。人脑中也存在与这种工作原理类似的信息加工系统，人脑将其所了解或反映的事物、现象、本质或规律看成信息符号或符号结构，大脑神经结构对这些信息符号或结构进行加工处理形成自身的认识，并为情感和意志行为奠定基础。❶ 西方心理学家西蒙首次提出了在认识思维活动中人机类比合理性的观点，并在其相关著作中大力提倡："怎样知道一个人有思维呢？我们给他一些任务，根据他在执行任务时的活动情况，我们可以想到他在寻求问题答案时发生了思维活动。同样，我们可以给计算机相同的任务。在我看来，假如拒不认为计算机有智能，便是一种庸俗的偏见，现在世界上有另外一种物种——人造的物种——计算机，经过我们能给予的智能任务检验，说明也具有思维能力。因而，人在思维方面也不是独一无二的。"❷ 因此，人机类比理论的核心就是信息处理系统原理，认知心理学上认为信息处理系统主要由信息输入和信息加工两部分组成。就信息输入而言，现代心理学主要是在心理活动中的信息水平上予以讨论，通常

---

❶ 乐国安. 对现代心理学认识理论问题的争论 [J]. 自然辩证法通讯, 1995 (4).
❷ Simon, H. A, Is thinking uniquely human? The University of Chicago Magazine, Fall, 1981, pp. 12 – 21.

将信息输入定义为:"以人的感官和大脑的神经活动为载体以反映主客体关系存在为内容的信息对心理系统的作用。"❶ 从上述定义可以看出,心理过程中的信息输入具有以下特点:首先,需要明确的是,信息处理活动不可能脱离大脑神经活动这个物质载体而独立存在,大脑的神经活动支撑着信息输入活动的运行,在心理活动过程中大脑活动永远伴随着信息输入与加工过程,信息输入活动与大脑这个物质载体具有依赖性和不可分性,但是这并不影响将信息处理过程分离出来独立研究并用以解释人的认识心理机制。其次,信息输入的内容是主体对客体的反映信息,这种反映信息主要表现为主客体之间的相互作用,人通过自身感官系统(眼、耳、鼻、口、舌、身等)感知外在事物并接受信息输入。值得注意的是,外界事物不可能毫无征兆地、主动地成为信息输入的素材,大脑所认识、感知的对象只是其感官神经结构冲动运行的产物,究其本质,信息输入是一次信息交换过程。再次,信息输入是信息加工的基础,信息输入的范围决定信息加工的范围。大脑所接受的信息主要是主客体相互作用的结果,不管是直观的感性还是抽象的理性,人们只能在主客观有效作用的范围内认识世界。信息加工原理在解释人的认识心理时,认为人的认识如同于计算机工作原理,即个体获取外部信息并对其予以加工、提取、储存的心理过程。信息加工原理在传统认知理论的基础上吸收和借鉴了行为科学的一部分内容,在这一理论看来:"无论是有生命的人还是无生命的计算机都是可以处理信息的机器,这台机器,即所谓信息加工系统,它包括感受器(Recepter)、

---

❶ 洪昆辉. 论心理活动信息输入的注意选择原理 [J]. 自然心理学研究.

效应器（Effector）、记忆（Memory）和加工器（Processor）四个部分，并且四个部分各司其职。"❶ 大脑神经结构在通过感受器感知外部事物后，将信息经过编码、加工传输进效应器，作为信息系统转化器的效应器忠实执行人们心理操作指令，对已输入的信息进行筛选并对需要深层次加工或精密复杂的信息予以记忆、将其长久储存。最后，通过信息系统核心的加工器去伪存真、去粗存精，进而达到对事物本质规律的认识以指导实践。

三、刑法学意义上的认识因素

不同的学科可以根据研究的需要，从各自的角度分析人的心理活动，对罪过心理的分析应取决于刑法的任务。刑法科学研究犯罪心理的目的是追究行为人的刑事责任，不论认为犯罪是违法有责的行为，还是主客观统一的行为，罪过形式都是决定犯罪成立与否或者是否追究行为人刑事责任必不可少的条件。犯罪故意作为法律所规定的一种罪过形式，在理论上通常认为由认识因素和意志因素构成，并且认识因素和意志因素内容上的差异和结构上排列组合的不同组成不同的故意形式。尽管具体学说之间有较大差异，犯罪故意一般都被认为是行为人对构成要件事实的"知"（认识）和"欲"（意志），虽然意志活动是直接决议实施客观行为的最重要的心理活动，具有发动和抑制行为的功能，是支配行为的动力，集中反映着行为人实施行为时的心理态度，然而意志不是凭空产生和孤立存在

---

❶ 杨朝霞. 认知心理学视角下的初级阶段对外汉字教学［D］. 西安：西安外国语大学硕士论文，2012：8.

的，其必须以一定的认识为前提，如果行为人没有认识到某一事物，不可能对该事物实施意志行为。例如，某甲要杀害某乙，必须首先认识某乙，把某乙作为意志的指向。我们正是由认识的内容确定行为人的意志指向及行为性质的，认识过程对意志的直接影响，说明认识也是罪过形式的基本要素。刑法意义上的认识因素是指对构成要件事实的明知。具体地讲，就是明知自己的行为会发生危害社会的结果，并且不同的故意形式具有不同的认识内容、认识程度、认识能力。故意在主观上表现为明知故犯，其中明知就是对认识因素的高度概括，没有对构成要件事实的明知，就不能认为是故意犯罪。因此，认识因素对正确理解或认定犯罪故意具有重要意义，本书研究的正是此种意义上的认识因素，下面对世界各国具有代表性的有关犯罪故意认识因素的立法和理论规定予以讨论，以期更好地界定认识因素。

（一）大陆法系国家或地区有关认识因素的规定

1. 德国

德国在立法史上有过对主观罪过形式加以规定的痕迹，如其在1962年《刑法典〈草案〉》中第16～18条便对故意、蓄意、意图、过失、轻率作出了定义式的规定。但是在以后的刑法立法活动中，鉴于主观罪过的复杂性以及对相关司法判决会被固定在当前的认识水平上的担忧，德国1969年《刑法改革法》将罪过形式的相关条文予以删除，只保留了原则处罚故意、例外处罚过失以及故意的反面——认识错误的有关规定，由司法判例和理论学说承担解释犯罪故意及其内涵的任务。依德国刑法理论的通行见解，故意实质上是指对构成要件客观要素的认知和意欲，即"在对属于构成要件的所有客观方面行为情形都拥有认识的情况下所具有的实现某个构成要件的意志"。❶另外,为更好地理解故意的形式及内容,德国刑法理论将故意划分为三个等级:❷(1)第一等级的故意,又称犯罪目的(Absicht)或无条件故意(dolus directus),是指积极地、有目标地追求符合构成要件行为的实现,在这种故意中,突出强调意志因素的作用,理论上其基本立场采希望主义。这意味着行为人在对符合构成要件的行为和结果有认识的前提下,积极地、有目的性地追求危害结果的发生,对行为人来说结果的产生正是他所要的。毫无疑问此种心态属于故意,并属于故意最核心的涵义。如行为人出于报仇的目的开枪射杀自己的仇人,将这种目的性杀人归入故意不存在理解性的障碍。就其认识因素而言,此种故意形式仅需对符合构成要件事实有认识即可,在具体程度上并无要求,也就是说意志因素的有无决定故意成立与否,认识因素对此故意形式的影响甚微。(2)第二等级的故意,又称直接故意(der direkte Vorsatz)或确定性认识,具体是指行为人已经预见到确定性会产生符合构成要件的行为或结果,虽然行为人不积极主动追求结果的发生,但仍然具有故意。在这种情况下,侵害法益的结果的实现不是有目的性的,而是行为人确定性的认识或有意识的引起的,换句话说,行为人对自己的行为必然会发生危害社会的结果具有确定性的明知或预见,此时就认为其具有直接故意。例如,行为人出于骗取财产保险的目的使用炸药炸毁满载货物和船员的

----

❶ 约翰内斯·韦塞尔斯. 德国刑法总论 [M]. 李昌珂, 译. 北京: 法律出版社, 2008: 203.

❷ 参见: 克劳斯·罗克辛. 德国刑法学总论——犯罪原理的基础构造(第一卷)[M]. 王世洲, 译. 北京: 法律出版社, 2005: 285. 汉斯·海因里希·耶塞克, 托马斯·魏根特. 德国刑法教科书 [M]. 徐久生, 译. 北京: 中国法制出版社, 2001: 358.

货轮，行为人已经预见到当引爆炸药后确定会发生船员死亡的危害结果，尽管其不积极追求死亡结果的发生，但仍应将此结果归责于行为人。此时船员死亡这一附随结果的出现虽然不是绝对确定的，但却是与目的型结果（骗取保险）相联系的。在这里发生的侵害法益的后果虽然不是行为人所欢迎的，但其在有确定性认识和预见的基础上仍不放弃，选择决意践行自己的意志，这就等于是将自身行为所能产生的必然和肯定的后果都纳入了自己的意志范围。对于其认识因素，此种形式的故意不仅需对符合构成要件的事实具有认识，而且在程度上须具备较高等级——确定性的认识。（3）第三等级的故意，又称间接故意（der bedingte Vorsatz）或未必的故意（dolus eventualis），是指行为人已经预见到符合构成要件的行为和结果可能发生，虽不希望其发生但对其持容忍、放任的态度。如果已经认识到将要发生侵害法益结果的明显可能性，但在权衡之下行为人仍不想放弃自己的行为的实施，此时就有理由相信他是为了追求某个目的而不惜容忍危害结果的实现，此种有瑕疵的主观心态体现了行为人对法益的消极不保护或漠视不关心的态度。关于间接故意的认识因素，需要强调的是行为人须对符合构成要件的行为和结果具有认识可能性而非必然性，这点是与第二等级故意相区别的关键。

2. 日本

与德国刑法典相同，日本《刑法》除了第 38 条第 1 项的"没有犯罪故意的行为，不处罚，但法律有特别规定的，不在此限"❶ 这

---

❶ 日本刑法典［M］. 张明楷，译. 北京：法律出版社，2006. 此项的原文直译应为"没有犯罪意思的行为"，但译者认为这里的"犯罪意思"就是"故意"。

一原则性规定之外，日本现行《刑法》和《刑法修正草案》并未对犯罪故意作出定义式的规定。但日本学术界对故意理论兴趣浓厚并且著述颇丰。尽管在故意的体系定位上存在是构成要件要素还是责任要素的争论，然而在认为故意是对构成要件事实的认知和意欲的看法上基本趋向一致。如山口厚教授认为："故意是实施犯罪的意思，这通常也可以置换成对犯罪事实的认识、预见。"❶ 至于犯罪故意中的认识因素，日本学者主张认识因素就是指在犯罪过程中行为人对犯罪事实的表象，所谓"表象"❷，就是指对构成要件事实的认识与预见，它既可被认为是对确定的犯罪构成事实的认识和预见，也可以是对尚未完全确定犯罪构成事实的认识和预见，但一般认为无意识状态下无表象可言。❸ 因此，认识的对象须及于犯罪构成事实全部，如行为主体、行为客体、因果关系、行为状况、危害结果等都应纳入认识的范围。

3. 我国台湾地区

继受德国、日本大陆法系刑法理论的我国台湾地区"刑法典"第13条规定："行为人对于构成犯罪之事实，明知并有意使其发生者，为故意。行为人对于构成犯罪之事实，预见其发生而其发生并不违背其本意者，以故意论。"❹ 无独有偶，其刑法理论也认为故意乃是行为

---

❶ 山口厚. 刑法总论 [M]. 2 版. 付立庆，译. 北京：中国人民大学出版社，2011：186.

❷ 表象是日语对德语 Vorstellung 的翻译，对日本人而言也是一个理解起来十分困难的词语，大致可以理解为将外界的事实投影在心中，在中文难以找到相对应的词，笔者认为大体相当于反映。

❸ 大冢仁. 刑法概说（总论）[M]. 3 版. 冯军，译. 北京：中国人民大学出版社，2003.

❹ 林钰雄. 新刑法总则 [M]. 台北：台湾元照出版社，2011.

人在认知所有客观构成要件情状之下，实现该构成犯罪事实的意欲，犯罪故意由认识因素和意志因素组成。因其理论通说普遍接受故意的双重定位（行止形态和罪责形态），承认作为主观构成要件要素的故意，所以将故意的认识内容限定为客观构成犯罪事实。易言之，行为人须对客观不法构成要件所描述的行为、结果、行为主体、行为时的特殊情况等均有所认识，那是才具备故意的认识因素，始有成立故意之可能，缺乏对某一要素的认识足以阻却故意的成立。另外，对于某些犯罪需要加以特别认识或主义的事项，"刑法"分则罪状用"明知"加以描述，用以提醒司法工作人员特别注意。

（二）俄罗斯、中国有关认识因素的规定

1. 俄罗斯

《俄罗斯联邦刑法典》第 25 条规定："（一）具有直接或间接故意而实施的行为被认为是故意实施的犯罪。（二）如果犯罪人意识到自己行为（不作为）的社会危害性，预见到可能或必然发生危害社会的后果并希望这种后果发生，则犯罪被认为是具有直接故意实施的犯罪。（三）如果犯罪人意识到自己行为（不作为）的社会危害性，预见到可能发生危害社会的后果，虽不希望，但却有意识地放任这种后果发生或对这种后果采取漠不关心的态度，则犯罪被认为是具有间接故意实施的犯罪。"❶ 根据上述法律有关故意的规定可以看出，俄罗斯刑法将犯罪故意分为直接故意和间接故意两种类型，两者不论在认识因素和意志因素方面都有明显的不同。在意志因素

---

❶ 俄罗斯联邦刑法典［M］. 黄道秀，译. 北京：北京大学出版社，2008.

方面，直接故意是行为人对危害结果的发生持有希望的心理态度，危害结果的发生是行为人积极追求的结果；而间接故意则是对危害社会的结果的发生抱着听之任之、发生也可以不发生也可以的心理态度，行为人为追求某一目的有意识地放任危害结果的发生。对于认识因素，两者在认识内容方面基本上趋向一致，俄罗斯刑法理论主张实质的故意概念，除了对客观构成要件事实有认识以外，直接故意与间接故意还须要求认识到行为的社会危害性。两者的区别主要在认识程度方面，直接故意需预见到危害社会结果发生的必然性或可能性，认识程度要求较高；间接故意只需要认识到危害社会结果可能会发生即可，认识概率相对较低。

2. 中国

有关犯罪故意的概念，我国《刑法》第 14 条作出如下规定："明知自己的行为会发生危害社会的结果，并且希望或者放任这种结果发生，因而构成犯罪的，是故意犯罪。"可以看出，与苏联法制具有亲缘性的我国刑法在故意的定义方面基本上是承袭俄罗斯刑法的规定。理论界认为我国刑法有关故意的规定不同于资产阶级法律中形式的故意概念，它准确地揭示了故意的本质，体现了故意的社会政治内容。其中，"明知自己的行为会发生危害社会的结果"是对认识因素的规定，其作用主要是指行为人对危害社会的结果有无认识和认识的程度如何。至于认识内容，通说主张："明知的内容应当包括法律所规定的构成某种故意犯罪所不可缺少的危害事实，亦即作为犯罪构成要件的客观事实。主要包括对行为本身的认识、对行为结果的认识、对危害行为和危害后果相联系的其他犯罪构成要件事实的认识"。❶ 对于认识程度的描述"会发生",根据故意形式不同,分为必然会发生和可能会发生,两者在认识程度上具有差异。

(三) 英美法系国家有关认识因素的规定

1. 美国

美国的《模范刑法典》明确将故意分为"目的"(purposely)和"明知"(knowingly)两种形式。其中,"目的"是指"存在这样的场合,行为人是有目的的行为:(1)如果犯罪成立的决定性要素涉及特定的行为或者结果,行为人以其设定的目标实施该行为或者引起该结果;(2)如果犯罪成立的决定性要素涉及伴随的情状,行为人意识到这些情状的存在或者相信或希望其存在"。❷ "明知"是指"存在这样的场合,行为人是明知的行为:(1)如果犯罪的成立的决定性要素涉及特定的行为或者伴随的情状,行为人知道该行为的性质或者该情状存在;(2)如果犯罪成立的决定性要素涉及行为的结果,行为人知道结果的发生具有实际的确定性"。❸ 从上述规定可知,"目的"就是指将实施某种行为或结果的发生作为自己行动的意志追求,类似于有成文法传统国家的直接故意,这里"知道事实要件的存在或相信、希望这种事实要件的存在"为"目的"形式的认识因素。至于"明知",又可称为确定性认识,主要适用于两种形

---

❶ 高铭暄,马克昌. 刑法学 [M]. 北京:北京大学出版社,高等教育出版社,2009:115.

❷ The American Law Institute, Model Penal Code, s. 202 (2) (a).

❸ The American Law Institute, Model Penal Code, s. 202 (2) (b).

式："一种适用于危害结果，另一种适用于犯罪行为或事实要件。"❶第一种情形行为人须对危害结果具有实际确定性认识，即明确认识到自己的行为确定性会产生危害社会的结果，如果行为人因某种原因对事实真相出现错误认识，导致客观上不能认识必然会发生危害社会的结果，这是就不能认定为明知。第二种情形行为人须认识到事实要件或行为性质的存在，如甲朝乙所在的方向开枪，假设甲认识到自己的射击行为会危及乙的生命，就构成明知；如果甲没有意识到自己的行为性质，其行为无论如何也不能构成明知。

2. 英国

以普通法为渊源，重视判例作用且以归纳类比为适用方法的英国法，并没有相关制定法对故意加以规定，具体判例以通常意义来阐释故意，即"故意定义的核心含义是行为人意图造成他所想要（want）的结果或者欲求（desire）该结果发生，实施行为是被告人的目的"。在犯意理论体系上，英国刑法也具有自己的特色，其纯粹以认知方式来区分犯意，即以对结果发生的可能性认识将犯意分为故意、轻率、过失三级。其中，"故意"是指有意识地实现目的或对结果发生有确定性认识；"轻率"是指行为人已经预见到可能会发生一定的危害结果，仍冒风险为一定行为；"过失"则是指一种无认识的罪过形式。因此，界定行为人有无认识、认识对象是什么、认识程度怎样是理解上述犯意形式的关键。英国刑法以认识因素为基础的犯意形式较之大陆法系以意志态度为核心的罪过形式，显得更为

❶ 约书亚·德雷斯勒. 美国刑法精解 [M]. 4 版. 王秀梅，译. 北京：北京大学出版社，2009：128.

清晰简洁、更加具有操作性。

从上文叙述可知，刑法意义上的认识因素是指对客观不法构成要件的所有行为情形的一种认知或预见，也就是说，行为人在主观上必须对于客观不法构成要件中的所有客观的事实有所认知，才始具备故意的认识因素。认识因素包括现象和实质两个层面，现象层面是指构成要件事实的认识，实质层面则是指构成要件事实社会属性的认识，这两项认识是不可分割地联系在一起的。构成要件事实认识是基础，属于评价之对象，只有认识到构成要件事实本身，才可进而认识事实的社会属性，社会属性是实质，属于对象之评价，二者共同构成犯罪故意的认识内容。要具备犯罪故意的这种认识因素，只需要所谓实事角度的伴随意识，这种实事角度的伴随意识不是那种现实的反思性的认识，而是对于行为情状的现存意义上的知，这种知主要是针对行为人扮演的、与构成要件有关的角色、行为的环境以及在构成要件性的结果中，行为人所创设之风险的具体实现。

第二节　认识因素的特征

人的任何行动都是由知觉引起的，行动甚至可以说是知觉的产物，人正是基于对客观事物的认识，才通过意志确定行为方向，选择行为方式，控制行为强度，实现行为结果，认识因素是犯罪故意的首要条件或前提条件。作为具有刑法意义的心理过程，刑法意义上的认识因素具有以下特征。

一、认识因素是以具有意志自由为前提

所谓意志自由或自由意志，是指"人们在自己推理的基础上，在不完全受各种限制的支配的基础上，对各种事物进行选择以及在特定的情况中从事活动的力量或能力"。❶ 意志自由以及行动自由，成为道义责任论的基础，意志自由并不是说意志不为任何东西所左右，而是说其为性格和环境，即内外的宿业所决定；但意志自由并不意味着只有一个行为，具体来讲，意志自由留有两个以上的行为可能性。换言之，自由就是行动，是我们自身意欲的结果，不被外力所强制。从本质上讲，意志自由包含两个层次：即我能够做我想做的，这是行动自由的问题；我能够选择我想要的，这是意志自由的问题。一个人能否按其意愿自由行动是意志自由的关键。人是否天生即有自由意志，外在环境或个人素质在多大程度上影响人的行动，这一问题自古以来即成为纷争不断的难题，不仅在哲学上被广泛讨论，而且逐渐波及心理学、法学领域。意志自由问题在刑法学上扮演重要角色，它影响人的责任，与正义的理念不可分地联结在一起。在近代刑法思想史上，就意志自由问题形成意志自由论与决定论之争。

资产阶级思想启蒙运动后，民主法治观念深入人心，西方思想家从愚昧的宗教神学中解放出来，积极倡导并推动刑法改革。在人为什么会犯罪这一问题上，深受康德、黑格尔哲学思想影响的刑事

---

❶ 牛津法律大辞典 [M]. 北京：光明日报出版社，1999：351.

古典学派从"抽象理性人"这一观点出发，主张人有意志自由，犯罪人之所以犯罪是基于自身理性选择的结果。如黑格尔认为，意志自由是不证自明的真理，作为人必有自由意志。"自由是意志的根本规定，正如重量是物体的根本规定一样。自由的东西就是意志，意志没有自由，只是一句空话；同时，自由只有作为意志，作为主体，才是现实的。"❶ 另外，德国著名刑法学家费尔巴哈提出的"心理强制说"就是对自由意志的经典诠释，费氏认为具有自由意志的人在实施危害社会的行为时，意识到实施犯罪所获得的快乐并不大于自身承受刑罚的痛苦，在趋利避害的本能下放弃犯罪行为的实行。"即人们有意识地决定是否成为罪犯——亦即他们考虑一种犯罪生涯，合理地权衡其相对于其奖赏的危险，并达成一种奠基于此种苦乐计算之上的决定，他凭空想象地信奉，如果痛苦因素被严厉的惩罚提高，人们将从犯罪转向正直。"❷ 究其实质，刑事古典学派的理论正是建立在意志自由的基础上，因为人具有自由意志，除了遵从因果法则引起某种结果之外，还可根据个人意愿自发实施一些行为，犯罪人在能不实施危害行为的情况下，选择实施危害行为，此时就应承担道义上的责任。再者，只要承认人有完全的意志自由，刑罚就不可能在真正意义上完全抑制犯罪。

随着工业革命的蓬勃发展，资本主义社会在经济飞速发展的同时，社会深层次的矛盾也日益凸显。新一波犯罪浪潮对传统刑法理论形成挑战，既有理论对犯罪的处理已经力不从心。刑事实证学派

---

❶ 黑格尔. 法哲学原理 [M]. 范扬，张企泰，译. 北京：商务印书馆，1979：11.
❷ 彭颖. 费尔巴哈"心理强制说"研究 [D]. 湘潭：湘潭大学，2006 年硕士学位论文.

就在这种背景下产生，他们颠覆了以"抽象理性人"为立论基础的传统刑法学说，提出与之相对立的"经验人"的观点，否认没有任何原因的自由意志。例如，刑事实证学派代表人物菲利认为："我们不能承认自由意志。因为如果自由意志仅为我们内心存在的幻想，则并非人类心理上存在的实际功能。自由意志的幻想来自我们的内在意识，它的产生完全是由我们不认识在作出决定时反映在我们心理上的各种动机以及各种内部和外部的条件。"❶另外，龙勃罗梭主张的"天生犯罪人"观点更是对传统意志自由论的否定。因此，在犯罪的原因问题上，刑事实证学派主张决定论，认为人的意志由自身素质和环境决定，犯罪人不是出于自由意志实施犯罪行为，而是在意志没有选择自由的前提下的必然行为。所以具有社会危险性的人应接受一定的社会防卫措施，承担社会防卫责任。但是在刑法高举保障自由大旗的今天，这种观点多少已经有点不合时宜。

现行的关于意志自由的通说——相对的意志自由论（相对的非决定论），是刑事古典学派和刑事实证学派分别就其观点折中、调和的结果。其基本观点认为人的意志不可能是完全自由的，它受到来自个人生理、环境等方面的制约和影响。正如恩格斯所言："意志自由不在于幻想中摆脱自然规律而独立，而在于认识这些规律，从而能够有计划地使自然规律为一定的目的服务。因此，意志自由只是借助于对事物的认识来作出决定的那种能力"。❷具有意志自由的人，在有能够实行合法行为可能性的前提下，拒绝接受法律规范的

---

❶ 恩里科·菲利. 实证派犯罪学［M］. 郭建安，译. 北京：中国政法大学出版社，1987：14.
❷ 马克思恩格斯全集（第 3 卷）［M］. 北京：人民出版社，1979：153.

要求，实施符合刑法构成要件的行为，此时就能对其进行非难、谴责。只有在自由意志支配下的行为，才能归咎于行为人，这一要求正是责任主义的实质，也就是说刑法上的责任以意志自由为前提。如果人们的行为都必须服从因果法则并被其决定，不能在某种程度上作出自由的选择。这就如同演员只能按规定好的动作和台词进行表演，不能充分发挥演员的主观能动性。或许可以这样认为：意志自由理论发展到今天，已经不再局限于有无的问题，更多的是着眼于程度问题。"人生而自由，却又无时不在枷锁之中。"❶ 人类在认识事物的本质和规律的过程中，必然受到许多客观物质条件的制约，这时就需要人们充分发挥自身主观能动性，在理性上不断超越自我。所以，意志自由与被决定之间并不矛盾，更值得讨论的是在一定条件下两者谁居于主导地位的问题。

人之所以为人，能对自己的行为负责，就在于人是具有理性和思维的动物，能够根据自己意愿为一定的行为。因此，人的行为并非完全由客观因果法则所决定，而是在自由意志的前提下经过选择的结果。就刑法意义上的认识行为而言，其是指具有自由意志的行为人，在对自己的行为在刑法上的性质、社会意义、法律后果具有认识的前提下，决意实施侵害法益的行为。主观罪过是以意志自由为前提，只有在具有意志自由的前提下，才能充分反映行为人不遵守法律规范的态度，自由意志不是生来就有，而是受年龄或生理状况等的影响。不能让不具有自由意志的人对自己的行为承担责任。犯罪故意由认识因素和意志因素组成，认识因素是意志因素的基础，

---

❶ 卢梭. 社会契约论［M］何兆武，译. 北京：商务印书馆，2003：4.

涉及对客观构成要件事实的主观认识或预见问题。意志自由是主观认识的前提，行为人只有在具有意志自由的情况下才能谈得上对自己的行为是否违反刑法规范有认识。正是由于具有这种相对自由意志，法律或社会才对犯罪人有所期待，这样就为追究刑事责任提供了理论依据。

二、认识因素是心理事实与规范评价的统一

认识因素是心理事实与规范评价的统一。作为对犯罪构成事实的明知，认识因素首先是一个主观心理活动事实，其次才涉及法律规范对其的评价问题。就心理事实而言，它是法律评价不可或缺的基础或材料，构成法律评价的载体。没有心理事实，法律评价将是无源之水、无本之木。对法律评价来说，它是对主观心理事实的价值判断，体现了刑法规范对心理事实的否定评价或谴责态度。缺少规范评价，犯罪人的罪过形式将无从谈起。

故意作为一种应予以否认的主观心理活动，从其产生到发展都必须遵循一定的心理规律。现代心理学将人的心理活动分为两个层次，即显意识和潜意识。作为显意识的一种表现形式的故意，在心理活动中主要表现为知（认识因素）、情（情感因素）、意（意志因素）三种心理事实。这三种心理事实中，认识因素作为心理基础，在故意罪过的心理事实中占据重要地位。认识是主体对客体的一种观念上的反映，这种反映关系在心理学上主要是依赖心理机制完成。根据心理学的观点："认识是一个由外部感官刺激转化为内在意识事实的过程，外部刺激作用于人的大脑皮层，产生感觉，

感觉是人脑对于客观事物的个别属性的反映。感觉经过人脑的加工整合，上升为知觉，知觉是人脑对于客观事物各个部分和属性的整体反映，知觉再升华，就发展为思维。"❶ 因此，认识是有意识活动的核心要素，为心理活动中的其他阶段提供原料或素材。从某种意义上说，认识既是主体对客体能动的反映，又是一种自我意识的初步升华。正是由于具有认识，行为人才通过意志决意实施行为。

犯意故意是一种明知故犯的心理态度，表明行为人严重的主观恶性和对刑法规范的敌视心理，各国刑法都对其予以重点关注。长期以来，对于故意犯罪过程中是否存在对行为人主观心理的规范的评价要素，一直有着激烈的争论。早期心理责任论认为责任的本质在于行为人的主观心理状态，行为人在认识到行为可能发生危害结果的情况下，仍实施侵害法益的行为，就应负刑事责任。显然，在心理责任论看来，故意应是完全排斥规范评价要素的一种心理事实。与之不同的是，规范责任论则在法律规范的意义上来把握责任，其认为责任是对行为人的非难或谴责。法律规范通常被认为是禁止或命令规范，对行为人来说，禁止为一定行为或应为一定行为，都是在能够实施一定合法行为的前提下才适当。也就是说，仅仅具有故意的心理事实还不足以对行为人进行归责，还必须具备期待可能性与违法性认识可能性等规范要素。现在规范责任论已居于通说地位，心理责任论已经鲜有提及。规范责任论认为犯罪故意不同于一般意义上的行为故意，它不仅仅是对行为事实的简单反映，更须在规范

---

❶ 陈兴良. 刑法哲学［M］. 北京：中国政法大学出版社，2002：33.

上把握故意的概念；它涉及对行为人心理事实的价值评价问题。就认识因素而言，行为人不仅要对客观构成要件事实具有认识，还应对价值评价的要素即行为的社会危害性或违法性有认识，也就是说，对危害行为的性质和社会意义有所认识，否则就不能完整说明行为人的反社会态度，更谈不上符合犯罪故意的要件。所以，对认识因素的规范评价主要是指违法性认识问题，它赋予了认识因素一定的法律内容，是法律对行为人的认识的否定评价，由于有了违法性认识，才使得心理意义上的故意朝刑法意义上的故意转变。在大陆法系的刑法理论中，随着威尔泽尔提倡的目的行为论的兴起，还存在着对犯罪故意的双重地位的见解，即认为犯罪故意既是行止形态又是罪责形态，所以将故意分为构成要件故意和责任故意两个层次。构成要件故意只涉及对构成要件的事实性认识，但责任故意却对危害行为或结果的违法性质有所认识。此时构成要件故意为责任故意的表征。这一理论将故意心理事实与规范评价分别予以考察，具有相当合理性。综上所述，笔者认为心理事实和规范评价统一于认识因素之中，此时关注点不应是认识因素是否包括规范评价，重点应在如何看待心理事实与规范评价的关系。心理事实和规范评价不是两种独立的心理现象，规范评价是法律规范对行为人心理事实的价值判断，属于客体评价❶范畴。另外，规范评价也不是独立于心理事实的外在实体，而是心理事实的内在价值内涵。

---

❶ 所谓"客体评价"，根据我国台湾地区学者柯耀程的观点，是指属于规范面的判断规定，用以对于一定的事实情状，作合法与不法的价值判断。这一概念是相对于"评价客体"而言的，"评价客体"则是指存在面的具体事项，其本身无法自行评价，而是作为被评价的对象。参见：柯耀程. 刑法概论［M］. 台北：台湾元照出版公司，2007：56.

三、认识因素是主观心理与客观事实的统一

认识因素是主观心理与客观事实的统一，这是认识因素的存在方式。行为人的认识并不是一种单纯的主观心理，而是通过反映客观危害社会行为表现出来的意志倾向，认识因素的成立以客观危害社会行为的存在为前提。认识不等于意图或动机，犯罪意图或动机是纯粹的心理活动，而认识则表现为对构成要件事实的认知，或者说是对行为人自己行为的性质、社会属性的认识。英美刑法学者认为认识和动机有着明显的区别，"认识是指反映犯罪行为性质的、有意识的、自愿的大脑活动，动机是指这种活动的道德因素，即内心的意愿或想要达到的目的"。❶ 我国刑法将认识因素规定为："明知自己的行为会发生危害社会的结果"，正是对认识因素这一特征的绝好体现。认识因素必须表现在危害社会的行为上，准确的来讲是表现在具有相当危害程度的行为上，行为人对客观构成要件事实的认识有差异，就会在很大程度上影响对行为人刑事责任的评价。例如，行为人在盗窃他人财物时只认识到了是在盗窃数额较大的财物，但其客观上却盗窃了数额巨大的财物，这时就只能对行为人适用数额较大的法定刑。因此，行为人的认识是其心理与客观外在构成要件事实的统一体，认识不能脱离客观事实独立存在。

---

❶ 欧阳涛. 英美刑法刑事诉讼法概论 [M]. 北京：中国社会科学出版社，2010：37.

第三节 认识因素与相关概念的辨析

在对犯罪故意认识因素进行分析讨论时，必须要认真厘清认识因素与相关概念的关系，找出相关概念之间的联系和区别。在这部分本书将着重分析认识因素与意志因素、认识因素与情感因素、认识因素与行为意思三对概念，期冀更好地理解认识因素的内涵和外延。

一、认识因素与意志因素

人类社会不断向前发展的进程告诉我们，人类不仅积极反映客观世界、认识客观现实，还充分发挥主观能动性改造现实存在。行为人自觉确立目的并以其支配下的积极行为影响或改变现实客观存在的心理过程，就是主观意志。意志是体现人的主观能动性的关键心理要素，正是由于有意志因素的存在，才使得在思想上人与动物有了相区别的可能。伟大革命导师恩格斯曾指出："人离开动物越远，他们对自然界的影响就越带有经过事先思考的、有计划的、以事先知道的一定目标为取向的行为的特征。"[1] 长期以来，意志一直被认为是人的主观意识转化为外部行为的核心要素，意志要素主要通过发动和制止两个功能来调节和控制人的行为，前者是指刺激或驱动行为人通过实施一定行为来达到自己的目的；后者是指在行为

---

[1] 马克思恩格斯选集［M］. 2版. 北京：人民出版社，2005：273.

实施过程中对偏离预定目标的行为予以制止。总之，意志在决定行为方式、调整行为方向、控制行为人心理等方面发挥着重要作用。无独有偶，意志因素的这些功能同样在故意罪过心理中也有所反映。我国《刑法》第14条规定："明知自己的行为会发生危害社会的结果，并且希望或者放任这种结果发生，因而构成犯罪的，是故意犯罪。"由于在基本立场上我国刑法理论采容认说，希望与放任都被视为故意意志因素的表现形式，意志因素也被认为是区分相关罪过形式的关键要素。我国学者姜伟教授将犯罪故意的意志因素的内容划分为两项："一是意志态度，即行为人对其行为造成的危害社会的结果所产生的希望和放任的态度；二是意志努力，即行为人选择犯罪方式、自觉发动危害社会行为的积极努力。"❶ 希望作为意志态度，是犯罪故意典型的意志表现形式，最直观地表明了故意的心态，这一点在理论上几乎没有争议。希望是指行为人积极追求结果的发生，发生结果是行为人实施行为直接追求的结局，行为人在主观上并没有介入其他独立意识。例如，盗窃的目的就是行为人想获得他人占有的财物，故意杀人的目的就是希望他人死亡的结果发生等。因此，希望具有较强的目的性、态度的坚决性、主动的积极性三个明显特征。因其具有较大的人身危险性和主观恶性，一直是刑法规制的重点意志因素。放任作为另一种意志表现形式，是指行为人对危害社会结果的

---

❶ 姜伟. 罪过形式论［M］. 北京：北京大学出版社，2008：123. 另外，也有一种观点认为意志因素应区分为心理性意志与违法性意志，所谓"心理性意志"是指心理事实意义上的意志，它是行为人自觉确定的，并为实现预定目的而有意识地支配和调节行为的心理过程。"违法性意志"则是指心理性意志的评价因素，在某种意义上说就是期待可能性的判断问题，因而违法性意志往往是归责的根据。此种观点参见：杨芳. 犯罪故意研究［M］. 北京：中国人民公安大学出版社，2006：192－205.

发生所持的虽不希望，但也不反对，听之任之、漠不关心的态度。放任意志形式不是毫无征兆的出现的，它的产生总是伴随着希望意志形式。换言之，行为人往往是在追求某一目的的过程中，放任危害结果的发生。例如，行为人在打猎时发现猎物旁有一儿童在玩耍，在希望击中猎物的同时放任对儿童的危险。如果说意志态度是行为人对危害社会结果的态度，那么意志努力就是指行为人对危害行为的心理。对于犯罪故意来说，意志努力不仅体现为在行为前的意志选择，而且还表现为行为中的意志行动。不论是希望危害结果的发生，还是对危害结果的发生持放任态度，在其明知自己的行为会发生危害社会的结果时，他应该遵循法律规范的要求抑制自己预想的行为，但行为人却执意选择实施危害行为。在这一过程中，行为人不仅实施了侵犯法益的行为，而且其还在既定目标的支配下，调整行为方向，完善行为手段，通过对各种障碍的排除，最终顺利实现行为目的。意志态度与意志努力关系密切，意志态度决定着行为的性质和方向，意志努力实现着意志态度的内容，两者共同决定了故意意志态度的可谴责性。

通常认为犯罪故意是指行为人对客观构成要件事实的认知和实现构成要件事实的意欲，在结构上由认识因素和意志因素组成。换言之，成立故意首先须行为人对客观犯罪构成要件事实有所认识或预见，进而在此基础上决意使认识到的构成要件事实成为现实，最终达到侵犯法益的目的。在故意概念通行的基本表述中，对于除了认识因素这一必要因素之外，是否还必须有意志因素，存在不同的观点。判例和学界部分观点认为，必须有意志因素，同时还将故意定义为实现构成要件的"知"与"欲"。然而，在文献中广为传播的观点却认为，对于故意而言，意志因素并不是必要的；也就是说，他们纯粹从认识因素的角度，将故意定义为对构成要件之实现的"知"。❶ 这种围绕着故意的定义的观点分歧表面上看来似乎比较严重，但其实并无多少实际意义。因为主流学说在故意的基本表述上还是需要有我们常说的"欲"，也就是说需要那种对行为产生指导作用的意志，而不是仅仅只需要认识就够了。因此，认识因素与意志因素关系密切，并在犯罪故意的构成中各自发挥重要的作用。首先，认识因素是意志因素的前提和基础，行为人只有在对犯罪构成事实及其危害性质有明确认识的基础上，才能对其认识到的事实持希望或者放任的态度，才能在此种心态的支配下实施行为，从而构成犯罪故意。其次，意志因素又是认识因素的发展，没有意志，就不会有完全、深刻的认识，人的认识活动，是在改造客观事物的实践过程中完成的，但是，意志行动影响和制约实践活动，实践活动受意志行动的控制。意志因素是在认识因素的基础上界定犯罪人主观恶性的决定性因素。在犯罪故意的心理结构中认识因素与意志因素都不可或缺，意志因素以认识因素为前提与基础，当行为人出现认识错误时，一般会阻却故意的成立。仅有认识因素而没有意志因素，更加不能成立故意，意志因素对于将内心意识转化为外在行为具有主导作用。最后，认识因素与意志因素之间具有紧密的内在联系，即行为人所认识的事实与其希望放任的事实具有同一性。

二、认识因素与情感因素

在故意罪过的心理事实中，情感因素也起着一定的作用。"情感

---

❶ 参见：姜伟. 罪过形式论［M］. 北京：北京大学出版社，2008：135.

是个体受到某种刺激后所产生的一种激动状态；此种状态虽为个体自我意识所经验，但不为其所控制，因之对个体行为具有干扰或促动作用，并导致其生理上与行为上的变化。"❶ 由此可见，在心理学意义上，情感是指自然人个体对客观外在事物的一种情绪上的态度。对于具有社会属性的个人来讲，其行为活动必须满足生存、生理上的基本需求。因此，人类特有的情感受社会长期形成的社会关系的制约，人对客观事物采取何种情感态度，主要是以客观事物是否能满足行为人的需要为媒介，客观事物对人的意义也通常体现为是否对人具有价值。所以，情感是要求人去主观感受和需要的主观心理体验形式，是人类心理事实中最富有感情色彩的内容之一。

从性质上看，情感具有截然不同的两个层次，依据能否满足人的生存、生理需要，可分为肯定意义情感和否定意义情感两极。当客观事物满足人的需要时，就会让人体验肯定意义性质的情感，如喜悦、满足、幸福等；当某种事物不能满足人的愿望和期待，与人的需求相违背时，负面的、具有否定意义性质的情感就会占据人的心理，如失落、悲伤、怨恨等。在犯罪过程中，当特定的事物引起犯罪人的兴趣时，犯罪人便会对能满足其需要的事物产生狂热的占有欲，这一点在有关财产、经济犯罪的心理过程中得到了淋漓尽致的展现。一旦不能很好地满足犯罪人某种利益上需求，否定意义性质的情感得到释放，此时犯罪人具有明显的破坏欲、毁灭欲，例如，故意杀人、投放危险物质等。情感不仅在性质上呈现出截然不同的

---

❶ 叶奕乾，等. 普通心理学［M］. 上海：华东师范大学出版社，1997：112 – 113.

两极，而且其在强度上也有所不同。情感在强度上主要表现为激动和平静。激情是最能体现激动的情感表现形式，这种情绪的出现一般与出乎意料之外、却与对人的生活起着重要作用的事件有关。具体表现为一种突发的、意外的、暂时的情绪，激情往往违背了原来的想法和初衷，并且在人的意志控制范围之外。在故意犯罪中，出于激情而实施行为的情形并不少见，如防卫过当杀人、不计后果的突发性犯罪等。平静的情感是指情绪波动较小、处于安静的状态之中的心理。具有相对长久性、冷静性、微弱性等特征。人在这种情感下实施的行为往往是自身深思熟虑的结果，因此，一些智力犯罪常在平静的情感影响下实行。

在以往的罪过心理研究中，对情感要素并没有过多关注，但是随着心理学对人的心理活动机制进入深层次研究，情感因素对人的行为的影响日益凸显，将情感因素纳入罪过心理的研究范围也成为了不容忽视的趋势。虽说情感因素在故意罪过心理事实中有一定的影响，但是其作用与认识因素和意志因素相比，还是相对薄弱的。理论上通常认为故意在心理结构上由认识因素与意志因素组成，两者对行为人主观恶性的有无起决定作用，而情感因素只是对行为人主观恶性的大小有影响。一些国家的立法将情感因素作为量刑情节，影响着行为人刑事责任程度。如《瑞士联邦刑法典》第 64 条有关刑罚减轻事由的规定："行为人因不当之刺激或侮辱，而生重大愤怒及痛苦，因而犯罪者。"情感因素经研究可以直接影响人的心理，有时在紧张的情绪下，行为人的认识能力会适当减弱，意志选择控制能力也会相应下降，在特殊情况出现时，甚至会导致认识能力和意志控制能力完全丧失，有鉴于此，一些国家刑法理论将情感作为罪过的第三种要素加以研究，并将情感因素作为免责事由在刑法中予以规定。例如，《匈牙利刑法典》第 15 条第 2 项规定："防卫人之行为如系由于恐怖或可谅解的刺激致超过正当防卫之限度者，亦不予以处罚。"《西班牙刑法典》第 8 条第 10 项规定："由于无法克服之恐惧所造成的相等或更大的伤害"，与正当防卫和意外事件一样为免责事由。❶ 总之，情感因素的重要性日益被人们所认识，刑事立法和刑法理论也应予以关注并作出回应。人的心理过程包含认识、情感、意志三个要素，认识因素是情感、意志要素的基础，在对事物没有认识的情况下，就不可能有复杂多变的情感和行动的决意。另外，情感因素与意志因素也影响着认识因素，缺乏情感因素的刺激与推动或行动意志，认识因素就不可能得到深入和发展。总之，认识因素是基础，没有对行为、物的认识便不可能产生情感，更不可能付诸实施。同时，情感又对认识具有反作用。人在认识某种事物之前总是或多或少地伴随着情感的"身影"，并且在情感的作用下，会将认识逐渐深化或者弱化。如行为人在喜悦的情感支配下可能会强化自身认识能力，并推进对事物的认识；而激情犯在极端激动的情况下可能导致自身认识能力的降低或者丧失。❷

三、认识因素与行为意思

本书所称的行为意思是指行为目的、主观倾向、内心表现三个

---

❶ 姜伟. 罪过形式论 [M]. 北京：北京大学出版社，2008：38.
❷ 李涛. 论罪过内容中的情感因素 [J]. 中国刑事法杂志，2012 (2).

要素。❶ 所谓目的，是指行为人主观上通过实施行为所希望达到的结果，其是以观念形态的形式存在于人的头脑之中。通常，刑法意义上的目的（犯罪目的）"独立于故意的认识因素与意志因素之外，对某种结果、利益、状态、行为等的内在意向"❷。这是一种比故意的认识因素和意志因素更深远、复杂的心理现象。以法律是否对目的有明文规定来看，可以将目的分为刑法明文规定的目的与刑法虽无明文规定但通过对构成要件的解释和条文之间的相互关系而成为构成犯罪必须具有的目的。前者如我国刑法规定的"以营利为目的""以牟利和传播为目的""以非法占有为目的"等，后者的明显表现如刑法规定的各种金融诈骗犯罪，有关条文并未将"以非法占有为目的"予以明文规定，但是根据对构成要件的解释和诈骗罪特征的分析，该目的应为有关金融诈骗罪的不成文构成要件要素。另外，从行为和目的的关系考察，刑法上的目的有以下几种表现形式：（1）只需完成符合构成要件行为的实施就意味着目的的实现，如在合同诈骗罪中，行为人只需完成符合构成要件行为的实施，就能实现非法占有的目的，此时非法占有他人财物就是合同诈骗行为的应有内涵。这种犯罪形态在理论上被称为断绝结果犯或直接目的犯。（2）在符合构成要件的行为实施完成后，目的的实现还需行为人或

---

❶ 在大陆法系国家的刑法理论中，对上述三要素的讨论主要是指是否承认主观违法要素的问题，现行通说虽趋向于肯定主观违法要素，但对其范围有所争论。主要有以下三种观点：（1）全面肯定说，代表人物有团藤重光、大塚仁，他们认为目的、主观倾向、内心表现甚至故意都是主观违法要素；（2）部分肯定说，代表人物有山口厚，他们主张有限度地承认主观违法要素，认为目的、倾向、内心表现是主观违法要素，故意为责任要素；（3）完全否定说，代表人物有曾根威彦、前田雅英，他们从强调违法性的客观把握的见解出发，否认存在主观违法要素。具体论述参见：付立庆. 主观违法要素理论——以目的犯为中心的展开 ［M］. 北京：中国人民大学出版社，2008.

❷ 张明楷. 刑法学 ［M］. 4 版. 北京：法律出版社，2012：275.

第三人的其他行为的实施。最典型的例子莫过于走私淫秽物品罪，在走私淫秽物品的行为实施完毕后，牟利和传播的目的还未实现，其实现有赖于行为人或第三人实施其他相关行为。这种目的犯又称短缩的二行为犯或间接目的犯。从规范形式上来看，"完整"的短缩的二行为犯应由两个独立的犯罪行为组成，但法律不要求实施第二个行为，只需以实施第二个行为为目的实行第一个行为，犯罪即为既遂。假如不以第二个行为的实施为目的，即使行为人实施了第一个行为，也不能构成此种犯罪。换句话说，第一个行为的实施与否往往决定犯罪的既未遂。所以对于短缩的二行为犯来说，目的只需存在于行为人内心即可，不需要有相应的客观事实与之对应，此时目的的作用主要是限制处罚范围，理论上将其称为主观超过要素。

在大陆法系国家刑法理论中，还存在倾向犯、表现犯的说法。这两个概念由梅兹格尔首先提出，但一直以来争议不断。所谓倾向犯，是指犯罪人的行为表现其主观内心倾向的犯罪形态，只有能够看出这种主观倾向时，行为才符合构成要件。❶ 理论上探讨倾向犯基本上局限于各种猥亵罪，如公然猥亵罪、强制猥亵罪等。赞同倾向犯的观点认为，只有犯罪人的行为表现出刺激或满足性欲的内心倾向时，才构成猥亵罪。即使具有相同的行为外观，但如不是表现出刺激或满足性欲的倾向，如出于治疗和艺术的目的，这时就不符合

❶ 值得注意的是，并不是说行为人只要具有某种犯罪的倾向时就是倾向犯，也不是说犯罪的倾向本身是处罚根据，本书的倾向犯是指行为人主观上除故意外，还需行为反映特定的内心倾向时，才构成犯罪。或许这个概念本身就容易引起误会，但考虑约定俗成的缘故继续沿用。有关倾向犯的论述具体参见：大冢仁. 刑法概说（总论）[M]. 3 版. 冯军，译. 北京：中国人民大学出版社，2003. 山口厚. 刑法总论 [M]. 付立庆，译. 北京：中国人民大学出版社.

猥亵罪的构成要件。否定倾向犯的观点从法益侵害说的立场出发，认为猥亵罪主要是侵害被害人的性自主权利，申言之，即使不表现刺激或满足性欲的内心倾向，如出于报复心理猥亵被害人，但只要侵害被害人性自主权的，同样也构成犯罪。表现犯是指行为表现行为人内心的、精神的经过和状态的犯罪。因此须将客观外部事实与行为人主观内心经过和精神状态相比较，才能准确地判断其是否符合刑法所规定的构成要件。典型事例如伪证罪，对于伪证罪中的"虚假证明"的认定，主观说认为是指违反自己内心记忆的证明，而非与客观事实相背离的证明。换句话说，只要行为人的证言是与自己内心记忆和体验相反，即使碰巧与客观真实相一致，也被认为构成伪证罪。然而，在证言与客观事实一致的时候，根本没有必要用刑法去规制，也无需动用刑罚去处罚这种行为。因此客观说已经逐渐占据优势，理论上也趋向不承认表现犯。就认识因素与行为意思的关系来说，首先，认识因素的内容是客观事实，主观心理状态不可能成为认识因素的内容，法律也从未要求行为人的主观心理是故意的认识内容。例如，不可能要求行为人对明知自己的行为会发生危害社会的结果具有认识。所以，行为意思不是犯罪故意的认识内容；其次，行为意思是独立于行为人故意、过失心态的主观要素，反映行为人的主观恶性与人身危险性。而认识因素是构成犯罪故意的要素之一，是行为人对符合构成要件事实的反映，是具备主观罪过的前提和基础。行为意思总是同认识、意志密切相关的，不通过认识、意志、观念的中介，便不可能有或无所谓的行为意思，离开观念中的认识来谈论行为意思是毫无意义的。

第二章

事实性认识

我国《刑法》第 14 条第 1 款规定:"明知自己的行为会发生危害社会的结果,并且希望或者放任这种结果发生,因而构成犯罪的,是故意犯罪。"犯罪故意是"知"与"欲"的统一,明知自己的行为会发生危害社会的结果便是认识因素的体现。在现实生活中,人的行为发动通常由知觉引起,在某种程度上甚至可以说是知觉的产物。正是由于对客观事物的认识,才能在其基础上通过意志对行为进行调节和控制。因此,认识因素是理解故意内容的前提和关键。在刑法理论中,认识因素主要涉及的是对构成要件事实有无认识及其程度的问题,包括认识内容和认识程度两个层次。构成犯罪故意究竟需要认识哪些事实,是否仅需对行为性质或结果的认识,违法性或社会危害性是否为故意的认识内容? 这些都是现有认识理论必须解答的难题。"犯罪故意的认识内容或许可以说是罪过理论中最为重要又极为棘手的问题。说其重要,是因为罪过的理论核心在于行为人的认识内容,它不仅是认定犯罪故意的关键,也是认定犯罪过失的前提,还是解决行为人认识错误的罪过形式的基础;说其混乱,是因为中外学者对此问题众说纷纭,莫衷一是,似乎皆振振有词,又大多难圆其说,令人无所适从。"❶ 诚如斯言,本章在对学界现有的观点进行梳理、总结的基础上,探讨成立犯罪故意事实性认识的内容,以期对现有理论有所裨益。

第二章 事实性认识

---

❶ 姜伟. 罪过形式论 [M]. 北京:北京大学出版社, 2008:88.

第一节　事实性认识内容的比较研究

一、德国、日本刑法理论：从构成要件理论展开

在德国、日本刑法理论中，认识因素内容通常被认为是对构成要件事实的认识或预见。例如，大冢仁教授认为：成立故意首先须行为人表象了犯罪事实，所谓表象，是构成要件事实的存在或者发生的认识和预见。❶ 德国刑法学家韦尔塞斯（Johannes Wessels）教授主张："在认识范围内，故意行为的前提条件是行为人在实施行为时认识到了所有的构成刑罚成立和加重处罚的客观上实现构成要件的情形"。❷ 李斯特认为："作为故意之必要内容的对属于法定构成要件的事实的认识，是以对已经产生的由行为导致的构成要件特征有认识为前提条件，在此意义上，也即对行为的实施的后果有预见"。❸ 因此，在大陆法系语境中，对构成要件及其类型特征的理解成为解决认识因素内容问题的关键。

构成要件最初只具有诉讼法上的意义，主要是指对客观犯罪事实（corpus delicti）存在的证明。18 世纪末期，德国学者克莱茵将

---

❶ 大冢仁. 刑法概说（总论）[M]. 冯军，译. 3 版. 北京：中国人民大学出版社，2003：179.

❷ 约翰内斯·韦塞尔斯. 德国刑法总论 [M]. 李昌珂，译. 北京：法律出版社，2008：137.

❸ 李斯特，施密特. 德国刑法教科书 [M]. 徐久生，译. 北京：法律出版社，2006：286.

"corpus delicti"译为德语"Tatbestand"（构成要件）。费尔巴哈、斯求贝尔将"Tatbestand"（构成要件）引入刑法，赋予其实体法意义。然而，直到20世纪初，构成要件理论才真正系统地形成，后来这一理论得到迅速推广和传播，对大陆法系各国刑法理论产生了深远的影响。构成要件作为一个技术性的概念，根据其功能和作用不同具有多种含义。通常人们将犯罪理解为符合构成要件的违法、有责的行为，构成要件作为犯罪成立的第一个条件，在理论上被称为狭义的构成要件，这正是本书所讨论的构成要件。❶ 对于狭义的构成要件概念，因对其与违法性和有责性关系的理解不同，尚还存在争议，但原则上可将其定义为："通过解释刑罚法规确定其含义而表明的各个犯罪行为的类型或观念形象"。❷ 所谓构成要件理论就是研究构成要件的概念、内容及其与违法性、有责性关系的理论。

诚如陈兴良教授所言："在贝林之前，构成要件论的历史都只不过是前史而已，构成要件论真正的历史始于贝林"。❸ 贝林开创了现代构成要件理论研究的先河。贝氏认为构成要件为行为类型，主张行为类型说。他指出构成要件是犯罪轮廓的观念指导形象，突出强调构成要件类型化机能。所以构成要件就是一般犯罪类型的指导形象，犯罪类型的所有要素都与这一指导形象具有一定的联系。究其实质，这里的犯罪类型在某种程度上讲可以理解为一种模型，在刑法意义上是指一种抽象的、有实体内容的法律概念。它将具体犯罪

---

❶ 除狭义的构成要件外，在理论上还存在全构成要件、不法构成要件和容许构成要件的说法，关于其具体说明参见：陈家林. 外国刑法通论［M］. 北京：中国人民公安大学出版社，2009. 林山田. 刑法通论［M］. 北京：北京大学出版社，2012.

❷ 井田良. 讲义刑法学（总论）［M］. 东京：有斐阁，2008（87）.

❸ 陈兴良. 构成要件论：从贝林到特拉伊林［J］. 比较法研究，2011（4）.

的特征描述用抽象的法律构成要件予以固定，使得犯罪形象清晰并且更加容易判断。然而，贝林所说的犯罪类型有其特殊性，"在贝林看来，构成要件虽然是犯罪的型，但却是不包含故意、过失等主观侧面的犯罪类型。这样的话，贝林就将构成要件理解为犯罪类型中的所内含的客观的型，即包括型在内的轮廓"。❶ 由此可以看出，为实现罪刑法定原则、突出刑法人权保障功能，贝林从纯存在论的立场上把握构成要件，认为构成要件为单纯形式的、记述的价值中立的行为类型，将主观性和规范性要素排除出构成要件，并否定构成要件与违法性与有责性之间的关联性。这种观点体现了贝林旨在通过构成要件排除法官恣意判断、限制司法权的意图。

　　主观和规范的构成要件要素的发现，对贝林的形式构成要件论造成了极大的冲击。构成要件不再是与违法性相区别的纯粹事实判断，构成要件是违法性的认识根据。因此，迈耶认为构成要件与违法性两者为烟与火的关系，具体事实符合构成要件，即可推定违法性的存在。质言之，行为符合构成要件，原则上推定具有违法性，只有在存在违法阻却事由时，则例外地排除违法性。随着梅茨格尔的"新构成要件论"的提出，构成要件与违法性的关系更加密切，他认为构成要件就是违法行为类型，该构成要件的行为是违法性的存在根据，甚至其还否认构成要件与违法性的独立性，以不法的概念包含二者。违法行为类型说的观点得到了大多数学者的赞同，然其内部又因对违法性本质的理解不同，出现结果无价值违法类型说与行为无价值类型说两种观点。结果无价值违法类型说主张违法的

---

❶ 宗冈嗣郎. 犯罪论与法哲学［M］. 东京：成文堂，2007：82.

本质在于对法益的侵害或威胁，刑法法规将具有法益侵害或威胁的行为类型化为构成要件。主观要素故意、过失不是构成要件要素，而是属于责任要素。也就是说在构成要件方面，故意犯和过失犯没有区别，两者只在可非难程度上具有差异。例如，故意杀人、故意伤害致人死亡、过失致人死亡三者都造成他人死亡的结果，其在构成要件上并没有什么差别，区别始于有责性阶段，三种行为分别因各自不同的主观罪过，构成不同的犯罪。行为无价值违法类型说受威尔泽尔目的行为理论影响，主张违法的基础或实质在于缺乏社会相当性的法益侵犯或威胁，即将行为人的行为无价值当作违法性要素，构成要件为缺乏社会相当性的法益侵害行为类型。所以故意、过失等主观要素，不仅是责任要素，还是构成要件要素，因此，故意犯、过失犯在构成要件和违法性阶段就存在差异。这一学说在大陆法系国家或地区居于通说地位。

构成要件理论传播到日本，发展出了一种极有影响力的理论——违法有责类型说。"与德国的学说相比较，日本具有特征性的观点是，不仅从构成要件与违法性的关系的角度，而且也从构成要件与责任的关系的角度考察构成要件的性质的见解非常有力"。❶ 根据违法有责类型说的观点，构成要件不仅是违法行为类型，还是有责行为类型，因此，符合构成要件的行为不仅被推定具有违法性，而且也具有有责性。主张违法有责类型说的学者认为，为贯彻罪刑法定原则，限制处罚范围，就必须在构成要件中考虑责任非难可能性因素。例如，日本《刑法》第 104 条"隐灭证据罪"规定："隐

---

❶ 山中敬一. 刑法总论［M］. 2 版. 东京：成文堂，2008：154.

灭、伪造或者变造有关他人刑事案件的证据，或者使用伪造、变造的证据的，处 2 年以下惩役或者 20 万以下罚金。"从该条可以看出，行为人本人不包括在本罪的犯罪主体之内，但是在现实生活中，犯罪人本人隐灭、伪造证据造成的危害可能大于其他人实施同样的行为所造成的危害。由于涉及无期待可能性问题，构成要件主体不包括犯罪人，从而达到了限制处罚范围的目的。违法有责要素说侧重于强调构成要件个别化机能，在其内部存在故意、过失等主观构成要件要素到底属于违法要素和责任要素，还是仅属于责任要素而非违法要素的问题。违法要素和责任要素说认为，故意、过失等既是强化违法性的要素，又是责任要素；责任要素说认为，行为的客观方面要素决定行为的违法性，而主观方面应属于专门责任要素，即故意等主观构成要件要素并不对违法性的有无、强弱产生影响，而是在具备主观要素时推定责任的存在。

二、中国刑法理论：认识内容的法律规定、理论现状和判断标准

（一）相关法律规定

我国《刑法》对认识内容的规定主要体现在"明知"一词上，除了在"刑法总则"中规定："明知自己的行为会发生危害社会的结果"外，"刑法分则"中对具体犯罪的特定明知也有表述。例如，《刑法》第 144 条中规定："销售明知掺有有毒、有害的非食品原料的食品的"，第 310 条中规定："明知是犯罪的人而为其提供隐藏处所、财物，帮助其逃匿或者作假证明包庇的"，第 311 条中规定：

"明知他人有间谍犯罪或者恐怖主义、极端主义犯罪行为，在司法机关向其调查有关情况，收集有关证据时，拒绝提供，情节严重的"，等等。对于总则明知和分则明知的关系，学者们有不同的看法。一种观点认为，分则中的明知是总则中明知的前提，其在立法技术上属于注意规定，即提醒司法工作人员予以注意，以免其忽略、遗漏的规定。因此，即便分则中对某一客观要件要素没有规定明知，此时也应根据总则关于明知的规定，要求行为人认识犯罪构成客观要件要素。例如，《刑法》第 171 条中规定："出售、购买伪造的货币或者明知是伪造的货币而运输，数额较大的"，从条文字面上看，只有在运输时才需明知是伪造的货币，出售或购买则不需要明知是伪造的货币。其实不然，刑法之所以这样规定，是因为在运输过程中不知道是伪造货币的情形很大，所以此时就需提醒司法人员须特别注意。而对出售或购买行为，往往行为人知道是伪造的货币。所以此时仍应根据总则关于故意的规定，要求行为人明知是伪造的货币。❶ 另外一种观点认为，总则明知与分则中的明知是一般与特殊的关系，刑法总则中的明知是故意认识内容的一般要素，分则中的明知是故意认识内容的特定要素，就认识范围而言，总则中的明知是以对危害结果的认识为内容，分则中的明知则是对具体犯罪特定构成要素的认识，其认识范围广度窄于总则的明知；刑法分则的明知不是对总则中明知的简单重复，其是成立分则该条文所规定罪名的前提条件，也就是说，要成立相关犯罪，不仅需符合总则关于明知的认识要求，更应满足分则中对特定要素的明知。另外，分则中的

---

❶ 张明楷. 刑法分则的解释原理（下）[M]. 2 版. 北京：中国人民大学出版社，2011：628.

明知突出认识因素的作用，而总则中的明知在强调认识因素的同时，更彰显其与意志因素的联系。❶

（二）理论现状

因为政治及历史原因，我国犯罪构成理论承袭于苏联。通常认为犯罪构成是指刑法所规定的，决定某一行为的社会危害性及其程度，而为行为成立犯罪所必需的主客观要件的总和。犯罪构成包括四个层次：犯罪客体、犯罪客观方面、犯罪主体、犯罪主观方面。关于犯罪故意需要认识哪些内容，犯罪构成中哪些方面需要被认识，学界的观点可以归纳为以下三种。

1. 三要件认识说

此说认为成立犯罪故意应认识犯罪构成中除主观方面以外的其他事实特征，有学者主张："犯罪故意可以说是行为人预见犯罪事实并容认犯罪事实，所谓犯罪事实，可以说是符合构成要件的客观事实。例如，实行行为的客观方面、构成要件的结果、实行行为与构成要件结果之间的因果关系、行为的主体、行为的对象、行为的特殊状况，以及犯罪客体有关特征等，都属于犯罪事实"。❷ 还有学者主张："如果某种故意罪的犯罪构成要件包括特殊犯罪主体的话，那么犯罪者应当认识到那些属于这一特殊主体的事实情况"。❸ 现在这种观点已经鲜有人主张。

---

❶ 于志刚. 犯罪故意中的认识理论新探 [J]. 法学研究，2008（4）.

❷ 中国刑事警察学院政策法律教研室. 刑法论文选（上）[M]. 出版社不详，1984.

❸ 赵国强. 论刑法中的故意 [D]. 上海：华东政法学院硕士学位论文，1984：10.

2. 两要件认识说

此说认为犯罪故意的认识内容应包括犯罪客体事实和犯罪客观方面的事实。如我国有学者认为："故意应当包括说明犯罪客体、客观方面等的全部构成要件要素"。❶ 姜伟教授认为："犯罪故意的认识内容应当包括某罪构成要件的说明犯罪客体与犯罪客观方面的事实"。❷ 另外也有学者指出，我国刑法只是概括性地提到对行为会发生危害结果的明知，而与这种危害结果联系最紧密的事实就是犯罪客体与客观方面要件。因此，在具体犯罪中，明知必然表现为对犯罪客体、客观方面事实的认识。❸

3. 一要件认识说

此说认为犯罪故意只需对犯罪客观方面要件具有认识。民国时期学者王觐曾认为："认识犯罪客观的要件（犯罪事实），是曰故意。"❹ 我国学者认为："犯罪故意中认识的实质内容是指，明确认识危害行为、危害结果以及危害行为和危害结果之间的因果关系。只有当行为人明确知道自己在干什么，由此将产生什么样的结果时，才构成犯罪故意的明知"。❺

（三）判断标准

明知作为行为人主观对构成要件事实的反映，是一种现实的、

❶ 高铭暄. 中国刑法学［M］. 北京：中国人民大学出版社，1989：125.
❷ 姜伟. 罪过形式论［M］. 北京：北京大学出版社，2008：91.
❸ 王作富. 中国刑法适用［M］. 中国人民公安大学出版社，1987：109.
❹ 王觐. 中华刑法论［M］. 北京：北京朝阳学院，1933：260.
❺ 马克昌. 犯罪通论［M］. 武汉：武汉大学出版社，1999：329.

确定的认识。对于怎样判断行为人是否对构成要件事实具有明知，我国学者借鉴大陆法系刑法理论着重讨论以下四种观点。❶

一是具体符合说，顾名思义，是指行为人认识或预见的事实与实际发生的事实完全一致时，才构成犯罪故意的明知。根据此说，行为人的主观认识与客观现实必须在具体、细微处完全匹配时，才构成犯罪故意。因此，当行为人对犯罪事实出现认识错误时，就阻却犯罪故意的成立。然而，此观点完全脱离法律规定，过于狭隘地理解明知的内容，已经很少有人主张。

二是抽象符合说，是指行为人认识或预见的事实与实际发生的事实存在抽象的一致时，就行为人明知或预见的事实以犯罪故意论。此说认为，行为人认识的事实与现实发生的事实即使不同罪质也不一定阻却故意。它不承认犯罪类型相互之间质的差别，超越构成要件的重合而将其故意抽象化。例如，行为人在机场看见一个漂亮的手提包，以为里面有贵重的财物而心起歹意，但打开后发现里面竟是一支手枪，于是窃取手枪占为己有。按照抽象符合说，手枪也可评价为他人的财物，此时行为人应以盗窃枪支罪论处。抽象符合说以抽象符合代替具体一致，但抽象的一致到底是指多大程度上的一致，学界至今还有争论。最后，此说导致的对行为人主观认识的要求失之过宽的问题也没得到很好的解决。

三是法定符合说，此说认为：行为人认识或预见的事实与实际发生的事实在刑法规定的构成要件内具有一致性时，就行为人认识或预见的事实构成犯罪故意。法定符合说是以构成要件理论为基础，

---

❶ 杨芳. 犯罪故意研究 [M]. 北京：中国人民公安大学出版社，2006：148 - 152.

并以此基础评价是否成立故意，通过刑法规定来理解明知，这样既不会扩大故意的范围，也不会缩小故意的范围。所以，法定符合说已经成为大陆法系各国的理论通说。然而，也有人以法定符合说没有正确认识主客观方面的关系和忽视了故意与错误的关系为由，针对此说提出了一些质疑。

四是行为符合说，此说认为判断是否属于明知，应以行为人认识的行为是否符合某罪的构成要件来认定。因为明知内容中的行为应该是故意支配下的行为，并且认识中的行为也不同于实际实施的行为。至于行为人实际实施的行为的客观方面是否具备某一犯罪客观方面应有的性质，与认定行为人是否符合犯罪故意所要求的明知并无内在联系。例如，行为人用面粉当砒霜毒杀他人，就实际实施的行为来看，误用面粉根本不会产生毒杀他人的后果，但行为人主观所认识的行为是能完成法益侵害的，这种认识中的行为是符合故意杀人罪的构成要件的，只是由于认识错误的原因，只能以杀人未遂论。

三、小结

由上述论断可知，中外刑法理论就犯罪故意须对构成要件事实具有认识已经基本趋向一致。然而，犯罪构成理论的巨大差异对理解犯罪故意的认识内容造成了极大的障碍。笔者认为，犯罪是符合构成要件违法且有责的行为，犯罪的实质就是违法性与有责性。因此，科学的犯罪构成理论必须是在维持构成要件这一技术性概念的前提下，围绕违法和有责两大支柱来进行建构。所以，犯罪构成应该是违法构成要件与责任要件的有机统一。其中，违法构成要件反映的是行为对法益的侵犯性，主要探讨客观违法的问题；责任要件说明的是在行为具有违法性的前提下对行为人进行非难或谴责的情形，主要是指主观有责的问题。

日本著名刑法学家西原春夫认为："构成要件的发展史就是构成要件理论的崩溃史"。❶ 纵观构成要件理论的演变历程，从行为类型说到违法行为类型说，再到违法有责类型说，构成要件理论的发展不断呈现出实质化、主观化的趋势，随着主观性、规范性、实质性的要素不断进入构成要件领域，构成要件理论被赋予了新的功能和使命，并逐渐背离其创立之初的实现罪刑法定原则形式理性的目的。透过纷繁复杂的理论乱象，仔细审视构成要件应有之含义与特征，就会发现采取何种构成要件理论类型取决于研究者对构成要件机能的选择。从这个意义上讲，笔者赞同结果无价值违法行为类型说。为实现保护法益的目的，刑法将法益侵害行为类型化为构成要件，构成要件作为犯罪行为的观念指导形象，明确犯罪行为的核心内容，避免将不符合构成要件的行为纳入刑法的规制范围，从而保障公民行动自由，这就是构成要件的罪刑法定主义机能。另外，构成要件作为违法行为类型，具有违法性推定机能，所以符合构成要件的行为就能够推定其具有违法性。构成要件的内容主要是说明行为对法益侵犯性的客观要素，所有表明客观违法性的要素都是构成要件要素。而反映行为人主观心态的故意、过失等主观要素则不是构成要件要素，其是说明有责性的要素，应归属于责任要件。构成要件还

---

❶ 西原春夫. 犯罪实行行为论［M］. 江溯，戴波，译. 北京：北京大学出版社，2006：56.

具有故意规制机能，即提示作为故意认识对象的客观事实的机能。因此，构成要件规定什么内容，行为人主观上就需要认识什么内容。例如，故意杀人罪的构成要件是杀害他人，所以行为人必须对杀害他人这一事实具有认识，否则就没有杀人的故意。

综上所述，构成要件为违法行为类型，说明行为违法性的客观要素都是构成要件要素，行为符合构成要件就推定其具有违法性，故意、过失等主观要素属于责任要素，行为人仅对具有非难可能性的违法行为承担责任。就犯罪故意认识内容而言，虽然我国《刑法》第14条中规定："明知自己的行为会发生危害社会的结果"，但具体犯罪故意认识内容的明确须依赖构成要件，故意是对符合构成要件事实的认识和容忍，也就是说构成要件规制了故意的认识内容。本书的观点是，犯罪故意的认识内容为构成要件事实，具体的讲是为违法性奠定基础的客观事实。认识内容在结构上可以分为两个层次：一是事实性认识，即对犯罪构成要件事实的认识。诸如对行为的认识、结果的认识、因果关系的认识等属于此类；二是评价性认识，涉及对事实规范评价层面的认识，主要讨论的是社会危害性认识和违法性认识的问题。本章先着重讨论事实性认识的内容。

第二节　事实性认识的具体内容

由上可知，事实性认识是指对犯罪构成要件事实的认识，是犯罪故意必不可少的内容，缺乏事实性认识就能阻却故意的产生。事实性认识中的"事实"包括需要评价的事实和不需要评价的事实。

不需要评价的事实又称裸的事实，是指只需一般的认识活动与基本的对比判断就能知晓的事实，如"妇女""货币"等。需要评价是的事实是指由价值关系的概念和评价概念所表述的事实，如"淫秽物品""法律文书""猥亵"等。有观点认为对需要评价的事实的认识属于违法性认识。❶ 这种观点值得商榷，认识需要评价的事实虽然涉及价值判断，但其本质上仍是对事实的认识，而不是指对该事实是否违反法律规定的认识。日本学者井上正治曾说："淫秽之类的构成要件要素，是以作品是否对社会产生影响，即是否引起兴奋、刺激性欲，是否引起性的羞耻心这种社会意义为内容。而且，作品的社会的影响、社会的意义是作为事实存在于社会的，对作品的社会影响的确定，不是法解释与法适用的内容，而是属于事实的认定"。❷ 我国《刑法》第 14 条中规定"明知自己的行为会发生危害社会的结果"，可见我国《刑法》是站在法益保护的立场，故意的认识内容是以危害结果为核心。但危害结果不是凭空发生的，而是在行为以及其他与结果发生有联系的构成要件事实影响下产生的，行为性质、行为主体、行为对象以及其他特定的构成要件要素等共同决定危害结果是否发生。所以，认识内容的范围不限于危害结果。至于事实性认识的具体内容，下文将逐一予以讨论。

一、对行为事实的认识

犯罪是危害社会的行为，行为是成立犯罪的必要条件。首先需

---

❶ 冯军. 刑事责任论 [M]. 北京：法律出版社，1996：153 - 154.
❷ 转引自：张明楷. 规范的构成要件要素 [J]. 法学研究，2007（6）.

要指出的是，这里的行为不是一般意义上的行为，而是危害行为，具体而言，是指犯罪的实行行为。行为是在行为人意志支配下实施的侵犯法益的行为，是导致危害结果发生的原因。没有对行为事实特征的认识，就谈不上对行为结果的认识。在实践中，具体犯罪行为各有特色，在类型上也千差万别，因此更应强调的是对具体犯罪实行行为特征的认识。例如，故意伤害罪的故意应当认识伤害行为的特征，抢劫罪的故意应当认识抢劫行为的特征。一般来说，犯罪故意须对以下行为事实特征有认识。

首先，是对行为性质的认识，所谓行为性质是指行为导致危害结果发生的性质。犯罪的性质由行为性质决定，是犯罪故意必须认识的内容。"如果在案件方面查明某人由于受蒙蔽而没有意识到自己行为的犯罪性质，那么就不能认为他犯了故意罪"。❶ 行为人只有在对行为性质有认识的前提下，才能意识到自己行为的社会意义和行为内容，明确知道自己是在实施侵犯法益的行为，甚至认识到是对刑法所禁止的实体的违反。例如，只有明知自己实施的行为是抢劫行为，才能认识到抢劫行为会导致对他人财产权利和人身权利的侵犯，这样便有构成抢劫罪故意的可能。如果行为人没有认识到自己行为的性质，就不能认为其具有犯罪故意，理论中经常讨论的假想防卫便是最好的证明。行为人由于出现认识错误，在并不存在现实侵害或危险的情况下实施所谓的正当防卫行为，导致了对他人权利的侵害。假想防卫虽说是行为人故意实施的行为，但这种故意不是犯罪故意，而只是一般生活意义上的故意。因行为人出现事实认识

---

❶ 特拉伊宁. 犯罪构成的一般学说 [M]. 薛秉忠，译. 中国人民大学出版社，1958：164.

错误，本质上说是对行为性质出现了认识错误，使得行为人将自己实施的对法益侵害行为误认为是在实施正当防卫。此时行为人不仅对自己在实施危害社会的行为没有认识到，甚至还以为自己的行为在法律上是被允许的，这时假想防卫就应成为故意责任阻却事由。所以，行为性质应是故意须认识的内容，在确定行为人在对危害行为的性质没有认识的情况下，就不能让行为人承担故意的罪责。

其次，是对行为方式和手段的认识，行为方式是指行为人实施行为的方法和步骤，是危害行为的具体表现形式。对于有些犯罪，危害行为被要求必须通过一定的方式实施，行为方式有时甚至成为区分罪与非罪、此罪与彼罪的标准。因此，对这些犯罪来说，对行为方式的认识应是犯罪故意的认识内容，此时对行为方式的认识就是认识到了这些犯罪构成要件事实中最本质核心的内容。例如，在财产犯罪中，因行为方式不同而被区分为不同的罪名，虽说都以非法占有为目的，但具体犯罪的故意内容不同，相关认识内容也有所不同，具体体现在对行为方式的认识上。抢劫故意必须认识到自己以暴力、胁迫或者其他方法强取公私财物；诈骗故意必须认识到自己是在使用虚构事实或隐瞒真相等欺骗方法，骗取他人数额较大的财物；敲诈勒索故意必须认识到自己是在对他人实施威胁，并使他人产生恐惧心理的情况下处分财产。如果此时客观现实与行为人的主观认识不一致，认定故意时应以行为人的主观认识为准。例如，一人因舟车劳顿感到疲惫，其在车站候车室候车时昏昏睡去，见财起意的行为人趁车站人流量大时，抢过该人的钱包就跑，但实际上行为人并不知道此人已睡着，也不知道钱包的主人是谁，此时行为人应具有抢夺的故意而不是盗窃的故意，应定抢劫罪。这一事例是对行为方式的认识可以决定故意的性质的绝佳诠释。行为手段是少数犯罪的必要条件，因此该罪的故意必须对行为手段有所认识，否则便会影响对该罪行为特征及其性质的认识。例如，我国《刑法》257 条第 1 款规定："以暴力干涉他人婚姻自由的，处二年以下有期徒刑或者拘役"。因为行为人的暴力手段是暴力干涉婚姻自由罪的构成要件要素，所以，暴力手段是该罪故意的认识内容。例如，某甲因金钱干涉其女儿的婚姻，不仅大声责骂，而且还猛摔东西泄愤。突然，其女因为伤心欲绝昏厥晕倒，就在此时某甲所摔的茶杯刚好砸在其女头上。由于某甲在行为时根本没有认识到对其女使用暴力手段，茶杯砸中其女纯属意外，所以某甲根本不具有暴力干涉婚姻罪的故意。

最后，行为的实施离不开一定的空间和时间。根据某些犯罪构成要件的表述，其行为被要求在一定的环境或状况下实施，在一定程度上，这并不是对环境或状况的要求，而是对行为本身的要求，更确切的说是对行为本身存在方式的要求。例如，我国《刑法》第340 条中"违反保护水产资源法规，在禁渔区、禁渔期或者使用禁用的工具、方法捕捞水产品，情节严重的"、第 136 条中"在生产、储存、运输、使用中发生重大事故，造成严重后果的"，台湾地区"刑法"第 274 条生母杀婴罪之"于生产时或甫生产后"等。行为状况属于为违法性奠定基础的事实，当一定的行为状况被规定为构成要件要素时，行为人就有必要对此加以认识，否则不能成立该罪的故意而不构成犯罪。

二、对行为结果的认识

我国《刑法》第 14 条中规定了"明知自己的行为会发生危害社会的结果",可见我国认识理论是以对行为结果的认识为核心的,故意的认识内容在一定程度上就是对结果的认识。刑法理论对行为结果的概念有着不同的看法,日本学者高桥则夫认为,存在三种意义上的结果:"第一种意义上的结果是指对行为客体的有形的事实作用;第二种意义上的结果是引起对社会外界的影响这种含义上的外界的变更;第三种意义上的结果意味着法益侵害或侵害的危险"。❶笔者认为,高桥则夫教授所说的第二种意义上的结果实际上是最广义的结果,即行为引起的一切外界变化。真正在刑法上具有重要意义的是第一和第三种结果,第一种结果与行为客体有着直接关联性,第三种结果则与法益保护相关,两种观点只是从不同的角度来解读行为结果,第一种结果的观点只承认结果发生的结果,行为犯的成立不要求结果的发生,换句话说,结果只是部分犯罪的必要构成要件。第三种结果的观点认为,结果是所有犯罪共同的构成要件要素,即使是在伪证罪、非法侵入住宅罪等行为犯中,并不意味着不存在结果,只是行为和结果同时产生,不需要考察因果关系而已。从故意认识内容方面来说,第二种结果外延太广,行为人不可能也没必要认识外在变化的一切事实特征,因为那样就等于放弃了对认识内容的要求。而第一种结果范围则失之太窄,只将结果限于有形的事

---

❶ 高桥则夫. 刑法总论讲义案 [M]. 东京:成文堂,2006:47.

实。这种结果固然为故意的认识内容，但结果在实际上往往不仅限于此。第三种结果基于法益保护的立场，将危险状态包含在结果内，这一观点符合现行法律，是对刑法构成要件结果的正确诠释，作为故意认识内容的结果正是此种意义上的结果。

　　成立犯罪故意必须对构成要件结果具有认识，但是否所有的犯罪均应对行为结果有认识呢？对于这一问题，理论上存在着区分说和统一说的对立：❶区分说以犯罪的成立是否必须要求对法益造成侵害或侵害的危险，将犯罪划分为形式犯和实质犯两种犯罪形态。形式犯的成立不以对法益的侵害和危险为必要，只要在形式上违反某种禁止或命令规范就对其予以处罚。举动犯和行为犯属于形式犯，行为结果不是其构成要件要素，所以行为结果不是其故意的认识内容。所谓实质犯是指将对刑罚法规中所保护对象的法益造成实际的侵害或危险作为构成要件要素的犯罪。结果犯和危险犯是典型的实质犯，对法益的侵害和危险是其构成要件，因此，结果犯和危险犯的故意认识内容包括对行为结果的认识。例如，苏联学者认为："在实施所谓实质犯罪时，除预见属于该犯罪构成客观要件的一切事实情况以外，还要预见所实施的行为和所发生的犯罪结果之间因果关系的发展。在实施所谓形式犯罪时，作为故意因素的预见，应该只包括属于该犯罪构成客观要件的行为上的那些事实特点的认识"❷。我国台湾地区学者林山田教授认为："结果犯必须对于行为与结果间之因果关系有所预见，始具备故意的认知要素。至于行为犯因无待

---

❶ 姜伟. 罪过形式论 [M]. 北京：北京大学出版社，2008：94-95.
❷ 契柯瓦则. 苏维埃刑法总则（中）[M]. 中国人民大学刑法教研室，译. 北京：中国人民大学出版社，1954：126.

于结果之发生，始无认识之必要"。❶ 统一说基于结果无价值的立场，对法益的侵害和危险是所有犯罪的必要构成要件要素，因此，行为结果是犯罪故意的认识内容。苏联学者特拉伊宁曾对区别说提出批评："所谓形式犯罪和实质犯罪的实际上不正确的区分，就造成了故意的错误的双重结构——即预见到因果关系的故意和没有预见到因果关系的故意"。❷ 我国也有学者认为："危害结果是与犯罪客体、社会危害性密切相联的。在故意犯罪情况下，要求行为人认识危害结果，也就是要求行为人认识犯罪客体和社会危害性。可见，将举止犯对危害结果的认识排斥于故意内容之外，无疑是对故意内容的歪曲"。❸

　　在《刑法》"总则"已经明确将行为结果作为故意认识内容的情况下，仅根据犯罪形态的不同将结果排除在部分犯罪的故意认识内容之外已经不合时宜。虽说《刑法》"分则"没有明确具体犯罪的认识内容，但总则规定指导并适用于分则，具体犯罪的故意认识内容应结合总则规定来确定，不能因为分则条文未将行为结果规定为构成要件，就抛弃总则规定另定解释故意认识内容的标准。在这个意义上，笔者赞同统一说，具体理由如下：首先，刑法理论主张，犯罪的本质是对法益的侵犯。所以行为犯也应对刑法保护的法益造成了侵害和危险，否则，其根本就不是犯罪。如果认为行为犯只需实施一定的行为就构成犯罪，则会出现根本没有侵犯法益的行为也会被认为是犯罪情形，从而不当地扩大了刑法的处罚范围，这样不

---

❶ 林山田. 刑法通论（上册）（增订十版）［M］. 北京：北京大学出版社，2012：177.

❷ 特拉伊宁. 犯罪构成的一般学说［M］. 薛秉忠，等，译. 北京：中国人民大学出版社，1954：181.

❸ 赵国强. 论刑法中的故意［D］. 上海：华东政法大学硕士论文，1984：18.

利于保障行为自由。因此，即便承认行为犯与结果犯的区分，也应认为"行为犯是行为与结果同时发生的犯罪，因果关系便不成为其问题；结果犯则是行为与结果之间具有时间间隔的犯罪，需要认定行为与结果间的因果关系"。❶ 所以，结果应是包括行为犯在内所有犯罪的必要构成要件要素。其次，最初是以犯罪既遂标准不同来区分行为犯与结果犯。结果犯是以发生一定危害结果才成立既遂的犯罪形态。如故意杀人罪须发生他人死亡的结果才成立既遂。行为犯是指只需一定行为实施，即使不发生危害社会结果也成立既遂的犯罪形态。如诬告陷害罪，只需实施法定的诬告陷害行为，至于被害人是否受法律追究，不妨碍既遂的成立。然而，即便行为犯、举动犯不以发生危害结果为既遂标准，也不代表不会发生危害结果，也不能认为行为没有认识或预见到危害结果的产生，更不可武断地主张行为人不希望或放任危害结果的发生。因此，不可将犯罪既遂结果与故意认识内容等同视之，人为的通过犯罪的既遂标准来限制故意的认识内容范围，违背《刑法》总则中关于危害结果乃明知内容的规定，这一作法在理论上不可取，在实践中不可行。最后，应仔细区分认识结果与实际发生结果。犯罪故意是指行为人对危害社会行为及其结果的主观心理态度，行为人对结果的认识是一种主观见之于客观的心理活动，对于某些犯罪所产生的无形的、非物质性结果，如人格的损害或名誉的毁损等，并不意味着行为人对此结果没有认识，就算是在未遂犯的故意中，也对未发生的既遂结果具有认识。因为结果的未发生并不等于行为人对未发生的结果就无认识，

❶ 张明楷. 刑法学 [M]. 4 版. 北京：法律出版社，2012：169.

只是因为由于某种原因和行为时的具体情况，行为人所认识到的结果没有变成现实而已。"犯罪故意表明行为人行为前以及行为中的心理状态，并不是描述行为后的实际结果，例如行为人认识到其杀人行为会使他人死亡，就表明他有杀人的故意，尽管事实上未必能将他人杀死"。❶ 所以，认识结果与实际发生的结果不可等量齐观，认识结果是主观表现形态，实际发生的结果是客观外在形态，并且在认识结果后产生。因此，行为结果应是包括行为犯、举动犯在内的所有犯罪故意的认识内容。

结果是对刑法所保护的法益的现实侵害及侵害危险，在上文论述侵害结果是故意的认识内容后，还需要讨论另外一个问题，即危险到底是不是故意的认识对象呢？学界对此问题有不同的观点：❷ 一是认识不要说，此说认为，对危险犯而言，不论是具体危险犯还是抽象危险犯，危险状态都不能成为故意的认识内容。二是区别对待说，此说将危险犯故意认识内容区别看待，在具体危险犯中，具体危险作为犯罪的构成要件要素应是故意的认识对象，但抽象的危险只是一种拟制的危险，故意对此不需要认识。三是认识需要说，不论是具体危险犯还是抽象危险犯，一律须对危险状态有认识。第一种观点毫无理论根基，难言合理，不值一驳。第二种观点有失片面，其只将具体危险作为构成要件要素，却把抽象的危险排除在认识范围之外。笔者支持第三种观点，即主张危险应是故意的认识内容，要达到上述目的，在明确具体危险犯是指刑法明文规定的以危险的发生为构成要件要素的犯罪，具体的危险是故意的认识内容的情况

❶ 姜伟. 罪过形式论 [M]. 北京：北京大学出版社，2008：96.
❷ 陈家林. 外国刑法通论 [M]. 北京：中国人民公安大学出版社，2009：216.

下，关键在于证明抽象的危险是构成要件要素。现行通说认为，抽象危险犯中的抽象危险，在本质上是一种"拟制的危险"或"行为的危险"。换言之，立法机关鉴于行为本身的危险性，认为在实施一定的实行行为后，即承认有危险的存在。因此，对于危险是否发生的判断，司法机关不需证明、举证，只需判断行为实施完毕后，即可成立抽象危险犯。❶ 然而，犯罪的实质是侵犯法益，刑法的职责在于保护法益，若行为根本没有或不可能侵犯法益，刑法根据谦抑性原则无介入的必要，将对法益无侵害或侵害危险的行为解释为犯罪，这点着实难以认同。其实，不论是具体危险犯还是抽象危险犯，其在本质上都属于危险犯性质，两者之间的差异在于危险程度不同，具体危险是指对于法益侵害有现实的危险或发生法益侵害危险的可能性较高；抽象危险是指虽未发生法益侵害的现实危险，但有发生现实危险的可能性，或者说发生法益侵害的危险可能性较低。❷ 两者都是以实质危险的发生作为构成要件要素，只是具体的危险是高度的危险，抽象的危险是比较缓和的危险，"即便是在抽象危险犯的场合，虽说通过相应犯罪的解释而能将危险理解为该犯罪之要件，但因为具体的、个别的特殊事情而没有发生这一危险，在这样的场合，即便是实施了条文上明文规定的一般的危险的行为，也应否定该犯罪的成立"。❸ 所以，无论具体危险犯还是抽象危险犯，危险状态都应成为故意的认识内容。

71

第二章 事实性认识

---

❶ 林钰雄. 新刑法总则［M］. 台北：台湾元照出版社，2011：94-96.

❷ 陈子平. 刑法总论［M］. 北京：中国人民大学出版社，2009：75.

❸ 山口厚. 刑法总论［M］. 2版. 北京：中国人民大学出版社，2011：45.

三、对行为主体的认识

　　行为主体是指具有刑事责任能力，实施符合构成要件行为的人。法是调整人类行为的规范，只有人的行为才谈得上有无违法的问题。故意的认识内容是否包括行为主体，现有学说存在严重分歧，归纳起来主要有以下两种：一是肯定说，此说认为有关刑事责任能力、刑事责任年龄和主体特殊身份的事实都是故意的认识对象。❶ 论者主张行为人对责任年龄的认识直接影响行为人的刑事责任。行为人只有达到刑事责任能力和责任年龄，才具有实施行为的可能性，既然法律就刑事责任年龄已作出规定，就应当承认行为人的一种选择的权利，即可以根据有关刑事责任年龄的规定选择决定是否实施一定的行为。所以行为人须对责任能力或责任年龄有认识，当行为人对责任能力或责任年龄出现认识错误时，此时就应关注此种错误是否可归咎于行为人自身，否则就不能要求行为人对此行为负责。至于主体特殊身份，法律将其规定为选择构成要件要素，当行为人不具有此身份时，其行为就不符合构成要件。因此，特殊身份是故意必须认识的要素。二是否定说，此说主张要求故意认识到行为主体的事实情况难言合理。刑事责任能力是行为主体的核心内容，责任年龄与精神病和生理状态等是决定责任能力大小有无的因素，只有具有责任能力，才能对自己实施的行为予以认识或控制，因此，对于已具有责任能力的人，对行为主体事实的认识与否不影响其对构成

---

❶　冯军. 刑事责任论［M］. 北京：法律出版社，1996：157 – 158.

要件行为及结果的认识。"至于犯罪特殊主体中的特定身份，行为人不是因为具有某种特定身份而决定了犯罪的性质，而是因为具有某种特定身份的人才有可能实施某种犯罪"。❶ 假如行为人虽有特殊身份，但其并未利用特殊身份来实施犯罪，这是特殊身份并不能改变犯罪的性质，所以特殊身份也不应是故意认识对象。

学界对犯罪主体含义和特征的理解明显存在一个演变进化的过程，即从犯罪主体否定论发展为责任能力与行为主体的分别归属论。犯罪主体通常是指具有刑事责任能力、实施危害行为的人，刑事责任能力一般在犯罪主体的框架内进行讨论，责任年龄和生理状态则是影响责任能力的要素。然而，以辨认能力和控制能力为核心的责任能力往往与罪过心理有紧密的联系，只有具有责任能力的人才能认识其行为的性质和后果，才能进一步决定是否实施此行为。若不具备责任能力，根本就谈不上行为人的罪过问题，"刑事责任能力本身虽然对于承担刑事责任来说是绝对必要的，但不能认为是犯罪本体的因素"。❷ 因此，应将责任能力从犯罪主体中予以剥离，使其还原或重新定位为责任要素。这样做的结果是，在确定行为符合构成要件具有违法性的前提下判断责任能力，正确区分了不法和责任。传统刑法理论将犯罪主体作为构成要件是欠妥的，所谓犯罪构成本质上应是一种事实的构成，但显然犯罪主体不是属于犯罪事实的一种，它只是构成犯罪的前提条件。犯罪主体分解为行为主体和责任能力，将行为主体纳入构成要件要素的范围，体现了没有行为主体就没有犯罪行为的先后关系。责任能力纳入责任要件的范围，其目

---

❶ 马克昌. 犯罪通论［M］. 武汉：武汉大学出版社，1999：331.
❷ 陈兴良. 刑法哲学［M］. 北京：中国政法大学出版社，1999：58.

的在于确立不法后，判断是否存在归责可能的问题。责任年龄和责任能力的其他状况，应属于认识的主体情况，但不应是认识的对象，即使没有认识也不影响故意的成立。正如俄罗斯学者所言："认识说明主体特点的要件，不是故意的内容，例如，一个 15 岁的人虽然认为强盗罪的责任自年满 16 岁开始，但仍对他实施的强盗袭击承担责任"。❶ 所以，行为主体为故意的认识内容，故意认识对象不包括责任能力等主体情况。

在一般的犯罪中，行为人对于自己属于行为主体的"人"当然会有认识，因而不会在认定上有问题。值得关注的是特殊身份的认识问题，特殊身份是指行为人所具有的在社会关系上的特殊地位或状态。理论上以犯罪的实施是否需要一定的身份为标准，将犯罪划分为身份犯与非身份犯，其中，身份犯又包括真正身份犯和非真正身份犯两种。与故意认识内容有关的是真正身份犯中的身份，即作为犯罪构成要件要素的构成身份。例如，我国刑法贪污、贿赂罪中的国家工作人员身份，非法出租、出借枪支罪中的依法配备公务用枪人员的身份等。特殊身份是真正身份犯的构成要件要素，行为人没有认识到自身所具有的特殊身份，就不可能对自己行为的性质、内容和社会意义有所认识，更不可能在认识的基础上作出侵害法益的意志决定。例如，患有严重性病的行为人，在没有认识到自己患病的情况下从事卖淫或嫖娼活动，此时由于行为人对自己属于性病患者这一特殊身份事实没有认识，其不可能意识到自己行为的内容和社会意义，故行为人不具有传播性病罪的故意。特殊身份是

---

❶ 斯库拉托夫，等. 俄罗斯联邦刑法典释义（上册）[M]. 黄道秀，译. 北京：中国政法大学出版社，2000：47.

为违法性奠定基础的要素，在身份犯中，不具有特殊身份的人即使实施符合构成要件的行为，也不可能侵犯该罪所保护的法益，这种身份为犯罪的完成提供了自然可能性和法律可能性，行为人必须对此身份有认识才能成立故意。另外，常习犯虽说也是属于身份犯的一种表现形式，但是故意的成立不需要对常习性有所认识，这是因为常习性本质上被认为是行为人的属性，反映的是行为人的主观恶性和人身危险性，是在对行为人归责时考虑的与其个人有关的要素，而不是为违法性奠定基础的构成要件要素，因此，常习性不应被纳入故意认识内容。

四、对行为客体的认识

行为客体是主体的行为对象本身，具体是指危害行为所直接作用的人或物，其是被侵害法益的物质表现形式或承担者。例如，财产体现所有权关系、公务员执行公务体现了国家对社会的管理秩序、人体现他人生命权利等。行为客体作为行为人实施的行为直接作用的对象，在刑法条文明确将其作为构成要件要素予以规定时，无疑属于故意的认识内容。例如，在掩饰、隐瞒犯罪所得、犯罪所得收益罪中，行为人必须对犯罪所得及其所产生的收益具有认识；在窝藏、包庇罪中，行为人须对窝藏、包庇的对象是犯罪的人有所认识。在破坏军婚罪中，必须明知是现役军人的配偶等。在这些犯罪中，如果行为人对明确规定的行为客体没有认识，此时就应阻却故意。问题是在刑法未对行为客体明确规定时，主观犯罪故意是否应当对其加以认识。目前学界对这一问题存在一定程度上的误解，通说主张只有明文规定的行为客体才能纳入故意认识范围，其他行为客体因不是构成要件要素，应排除在故意认识内容之外。❶ 其实，这是一种肤浅的理解，"法律明文规定某种行为客体无非是对该罪客体的具体说明，未规定某种犯罪对象不意味着该对象对犯罪客体毫无意义"。❷ 例如，在故意杀人罪中，《刑法》没有对该罪对象明确规定，那么是否意味着故意杀人罪不需要对其行为客体有认识呢。其实不然，杀人行为必须有明确的指向对象，其只能侵害具体个人的生命权利，而不会是无生命的动物和尸体，所以行为人应对具体人有认识，否则便不能解释出现认识错误时的情形。认识错误是指因主客观原因，使得主观认识与客观实际不一致的情形，如行为人因旧怨想枪杀甲，因认识错误将稻草人误当甲加以"杀害"。一般认为行为人无杀人的故意。由此可见，尽管故意杀人罪条文未对行为对象作出明确规定，但作为生命权利法益表现形式的人，应成为故意的认识对象，只有在对行为客体有所认识的情况下，才能确认行为人明知自己行为的内容和性质。需要说明的是，对行为客体的认识并非要求对其全部事实都应有认识，而是只需认识到行为客体的社会属性即可，因为某种行为客体之所以能成为法益的物质表现形式，主要是由其社会属性决定的。例如，在盗窃罪中，不需要行为人对财物的种类、型号、价值等有认识，只需认识到行为客体是他人占有的财物，因为认识到财物不为自己所占有，就是认识到了行为客体的社会属性。如果行为人出于非法占有的目的，盗窃明知是他人占有的财物，此时就应具有盗窃的故意。《刑法》将某些犯罪的行为客

---

❶ 何秉松. 刑法教程 [M]. 北京：法律出版社，1987：85.
❷ 姜伟. 罪过形式论 [M]. 北京：北京大学出版社，2008：100.

体加以明文规定，其作用在于突出强调行为对象的社会属性，其故意也应对这种社会属性有认识。即便是在法律未对行为客体明确规定的情况下，该罪故意也应对这种行为客体的社会属性有认识。例如，甲男与乙女保持长期的通奸关系，某日甲男如约来到乙女家中，黑暗中见一女躺在床上，甲男便欲与其发生性关系，但此女拼命反抗并大声呼救，甲男见情势不妙拔腿就跑，事后得知原来躺在床上的女子是乙的表妹丙。我国《刑法》虽未明确规定强奸罪的行为客体，但甲男并未认识到强奸罪行为客体的社会属性，乙女虽同意与甲男通奸，但丙女并不同意，乙与丙的社会属性有别。甲男误认丙为乙，就是缺乏对违背丙女意志、侵害其性自主权的认识。因此，甲男对丙女无强奸故意，不构成强奸罪。行为客体在一定程度上决定某一行为是否会发生危害结果或发生何种结果，因而也是故意认识的重要内容。

五、对"情节严重""情节恶劣"要素❶的认识

与西方大陆法系国家"立法定性、司法定量"的立法模式不同，我国《刑法》条文在对具体犯罪行为的特征加以描述的同时，还有着大量关于定量要素的说明。将"情节严重""情节恶劣"等定量要素作为犯罪的成立条件，已经成为我国《刑法》分则的鲜明特色之一。对于这种立法模式的优劣暂且不论，问题在于怎样理解已有

---

❶　这里所讲的"情节严重""情节恶劣"是指犯罪构成要件，即只有在具备"情节严重""情节恶劣"时才构成犯罪，其不同于作为法定刑升格条件的"情节严重""情节恶劣"。

法律关于"情节严重""情节恶劣"规定的性质。现有理论对这一问题主要存在以下两种观点:❶ 一是构成要件说,此说认为"情节严重""情节恶劣"是犯罪的构成要件要素,若缺少这一条件则犯罪不成立;二是客观处罚条件说,此说借鉴大陆法系国家理论中的客观处罚条件的概念,认为"情节严重""情节恶劣"应属于客观处罚条件,因此"情节严重""情节恶劣"只是实施刑罚的事由,即在不具备这一要素的情况下犯罪仍然成立,只是不予以处罚而已。在上述两种观点中,笔者赞同第一种观点,主张将"情节严重""情节恶劣"看作构成要件要素。因为构成要件是违法行为类型,所以,构成要件所表述的必定是值得科处刑罚的事实,"但是在现实生活中,有许多侵害法益的行为,虽然在一般情况下其违法性没有达到值得科处刑罚的程度,却又难以通过增加某个特定的要素使违法性达到值得科处刑罚的程度,或者难以预见具备哪些要素时,行为的违法性达到值得科处刑罚的程度,或者虽能预见但不能做简短的表述"。❷ 此时,刑法规范出于整体性考虑,通过"情节严重""情节恶劣"来补强行为的违法性,也就是说,当行为事实符合基本构成要件后,行为的违法性并未达到值得科处刑罚的程度,这时还须在此基础上对行为进行整体评价。所以,"情节严重""情节恶劣"就属于整体评价要件或综合评价要件要素。例如,我国《刑法》第222 条规定:"广告主、广告经营者、广告发布者违反国家规定,利用广告对商品或者服务作虚假宣传,情节严重的,处二年以下有期

---

❶ 陈兴良. 作为犯罪构成要件的罪量要素——立足于中国刑法的探讨 [J]. 环球法律评论, 2003 (4): 275.

❷ 张明楷. 犯罪构成体系与构成要件要素 [M]. 北京: 北京大学出版社, 2010: 239.

徒刑或者拘役，并处或者单处罚金"。显然，并不是任何虚假广告行为的违法性都值得科处刑罚，只有在对虚假广告行为作出整体判断的基础上，得出情节严重的结论才构成犯罪。

根据责任主义原理，只能将具有非难可能性的客观违法事实归责于行为人，亦即行为人须对客观违法事实具有故意或过失。因此，只有在对"情节严重""情节恶劣"的事实有认识的前提下，才能要求行为人对相关事实承担责任。故意的认识内容范围包括"情节严重""情节恶劣"的事实。但是，目前理论上存在相反的观点。具有代表性的是陈兴良教授主张的"罪量要素说"。陈教授将"情节严重""情节恶劣"等表明行为侵害法益的量的要素作为独立的罪量要素，认为罪量要素不是故意的认识对象。他指出："罪量要素之所以不能归入客观要件，除了在罪量要素中不单纯是客观性要素而且还包括主观性要素以外，还有一个重要的理由：客观要件是行为人认识的对象，因而对于判断犯罪故意或者过失具有重要意义。如果将罪量要素当作客观要件，如果行为人对此没有认识就不能成立犯罪故意而属于犯罪过失，由此而使罪过形式的判断上造成混乱"。❶ 笔者不赞同这种观点，首先，"情节严重""情节恶劣"的事实只能是表明客观法益侵害的事实，这里的情节主要是指说明行为违法性的情节，而不包括主观方面的情节。因为构成要件是违法行为类型，既然承认"情节严重""情节恶劣"为构成要件，那么其事实必定是反映行为的客观违法性，纯粹主观方面事实不能决定行为的违法性。例如，单纯的动机不纯，不论怎样都不能成为定罪根

---

❶ 陈兴良. 规范刑法学（上册）[M]. 2 版. 北京：中国人民大学出版社，2008：194－195.

据。既然如此，就不存在一种单纯的主观方面的情状严重，因而情节严重的情形。所以，体现法益侵犯性的情节应成为故意的认识内容。再者，罪量要素说将《刑法》明文规定的情节严重等称为罪量要素，使其独立于罪体、罪责而存在，成为专门的违法要素或责任要素。这就将原本需要认识的构成要件要素排除在认识范围之外，进而扩大了处罚范围、违反了责任主义原理。总之，"情节严重""情节恶劣"是说明行为法益侵犯性的整体性评价要素，要将整体性评价要素归责于行为人，就必须要求行为人对此事实具有主观认识，所以在犯罪故意中，行为人应对"情节严重""情节恶劣"的事实有认识。

六、对法定刑升格条件的认识

我国《刑法》"分则"许多条文在对犯罪基本特征予以描述的同时，还就相关行为的具体的法定刑升格条件作出了规定。例如：《刑法》第263条对抢劫罪的法定刑升格条件作出了规定："（一）入户抢劫的；（二）在公共交通工具上抢劫的；（三）抢劫银行或者其他金融机构的；（四）多次抢劫或者抢劫数额巨大的；（五）抢劫致人重伤、死亡的；（六）冒充军警人员抢劫的；（七）持枪抢劫的；（八）抢劫军用物资或者抢险、救灾、救济物资的。"除了对类似上述的具体法定刑升格条件有规定外，有一部分条文将首要分子、多次、违法所得数额巨大等规定为法定刑升格条件，还有仅规定情节严重、情节特别严重等抽象法定刑升格条件的情形。以往刑法理论通常认为所有的法定刑升格条件都属于加重犯罪构成要件，而故意则是对构成要件事实的认识，因此所有法定刑升格条件事实均属于故意的认识内容。然而，这种过于笼统的观点在如何处理犯罪形态和适用法定刑的问题上存在明显缺陷，● 已经明显不适应司法实践的发展。与之形成鲜明对比的是，张明楷教授将法定刑升格条件区分为加重构成要件和单纯的量刑规则。他指出："刑法分则条文单纯以情节（特别）严重、情节（特别）恶劣以及数额或数量（特别）巨大、首要分子、多次、违法所得数额巨大、犯罪行为孳生之物数量（数额）巨大作为升格条件时，只能视为量刑规则；《刑法》'分则'条文因为行为、对象等构成要件要素的特殊性使行为类型发生变化，进而导致违法性增加，并加重法定刑时，才属于加重的构成要件"。● 笔者赞同张教授的观点，因为构成要件是对违法行为类型的规定，只有说明违法行为类型的要素才能被认为是构成要件要素。而所谓首先分子、犯罪行为孳生之物数量（数额）巨大等虽是能说明行为违法性增加的要素，但其并不是影响行为违法类型的要素。构成要件是犯罪类型中最具特色的内容，不同的构成要件代表不同的行为类型，只有导致行为类型发生变化，同时增加行为违法性的要素，才是加重构成要件要素。根据这一观点可以看出，在《刑法》第263条所规定的法定刑升格条件中，第（四）项属于单纯的量刑规则，其他各项均应是加重构成要件，其中，第（五）项是还是对结果加重犯的规定。

构成要件具有故意规制机能，构成要件事实是故意的认识内容，

● 关于这种观点的具体缺陷参见：张明楷. 加重构成与量刑规则的区分［J］. 清华法学，2011（1）.

● 张明楷. 刑法学［M］. 4 版. 北京：法律出版社，2012：121.

根据罪刑相适应原则和责任主义原理的基本理论，行为人只对具有非难可能性的违法事实承担责任，要使行为人对违法加重事实负刑事责任并承担加重法定刑，就必须要求行为人对违法加重事实具有认识。因此，在法定刑升格条件中，除致人重伤或死亡这一加重结果外，其他加重构成要件的事实都应是故意的认识对象。因为致人重伤或死亡明显属于结果加重犯的加重结果，而对于致人伤亡的结果加重犯，国外刑法理论几乎一致认为，加重结果不是故意认识内容，但为贯彻责任主义，对加重结果至少要求应具有认识可能性。❶

至于对单纯量刑规则的认识问题，则需要具体问题具体分析。笔者认为，我国《刑法》规定的"首要分子""多次""作为行为孳生之物"或"报酬的违法所得数额（特别）巨大"等未使行为类型发生变化的法定刑升格条件，不应属于犯罪故意需要认识的内容的范围。当法律将首要分子规定为升格法定刑的条件时，首要分子不是行为人故意的认识内容，其只需对作为首要分子的事实有认识即可。这是因为是否为首要分子是法律规范对行为人自身地位属性的综合评价，这一评价通常是建立在一定的事实基础之上的，所以只需对于首要分子有关事实具有认识就可以了。例如，对于聚众扰乱社会秩序行为的首要分子，就要求行为人认识到聚众扰乱社会秩序行为的基本犯罪事实（构成要件）以及组织、策划、指挥聚众扰乱社会秩序行为的事实（构成首要分子事实）。只要行为人事实上是首要分子，一般就应按首要分子处罚。多次也不应是故意的认识对象，

---

❶ 克劳斯·罗克辛. 德国刑法学·总论（第1卷）［M］. 王世洲，译. 北京：法律出版社，1997. 西田典之. 日本刑法总论［M］. 刘明祥，王昭武，译. 北京：中国人民大学出版社，2009.

行为人只需在每次犯罪时对构成要件事实具有认识即可。"多次只是犯罪次数的简单叠加,认定多次犯罪时,只需要行为人对每次犯罪具有故意,而不要求行为人后一次犯罪时都必须认识到自己前一次、前几次实施过的犯罪。否则就意味着记忆力的强弱能决定加重法定刑的适用"。❶ 犯罪行为孳生之物或报酬的违法所得数额不同于行为对象,其不是犯罪构成要件要素,因此犯罪行为孳生之物或报酬的违法所得数额不是故意认识内容,此时只要行为人对自己实施的犯罪行为具有故意即可。例如,对"制造毒品数量较大"、运送他人偷越国(边)境"违法所得数额巨大"的情形,只要行为人客观上制造毒品数额较大或运送他人偷越国(边)境违法所得数额巨大,并对自己实施的行为具有故意,就应将加重结果归责于行为人。

在取得型财产经济犯罪中,行为人违法所得数额(特别)巨大常被规定为法定刑升格条件。例如,"抢劫数额巨大""合同诈骗数额巨大"等。这种违法所得完全是以被害人的损失为基础,其不同于犯罪行为所得的报酬。在适用更重的法定刑时,这种违法所得数额是否需要认识,成为一个值得讨论的问题。本书以盗窃数额巨大的财物为例来说明这一问题。行为人误将贵重物品(数额特别巨大)当作一般物品予以盗窃,对行为人能否适用"十年以上有期徒刑或无期徒刑"呢?从行为本质上讲,也可将盗窃数额特别巨大的物品看作结果加重犯。若借用结果加重犯的原理,行为人对数额特别巨大不需要认识,只需有认识可能性,就必须对其适用"十年以上有期徒刑或无期徒刑"。这就意味着即使行为人对加重结果没有认识,

---

❶ 张明楷. 论盗窃故意的认识内容 [J]. 法学, 2004 (11).

只要其实施了客观上盗窃数额特别巨大财物的行为，就应适用更重的法定刑，这种观点难以令人信服。因为"在国外刑法理论与刑事立法中，对加重结果至少有过失的原则，是就致人伤亡的结果加重犯而言的"。❶ 所以就财产损失加重结果而言，不能简单照搬结果加重犯理论。另外，"如果将过失造成财产损失作为加重结果或者法定刑加重情节，则形成了间接处罚"。❷ 在某种行为根本不是刑法所规定的犯罪行为的情况下，不能因为其与特定的犯罪相联系，而使其受到刑罚处罚。就上例来说，过失盗窃在刑法上根本不被认为是犯罪，倘若将盗窃数额特别巨大的物品当作结果加重犯处理，即行为人在盗窃一般财物的同时，过失盗窃了数额特别巨大的物品，那么行为人就应承担加重的法定刑。这种说法是对罪刑法定原则的公然违反，在司法实践中应力求避免这种间接处罚过失盗窃行为的发生。所以当加重结果表现为严重财产损失时，其事实应是故意的认识内容。行为人误将贵重物品（数额特别巨大）当作一般物品予以盗窃时，由于其对数额特别巨大没有认识，不能让其对加重结果承担责任。

对于量刑规则中情节（特别）严重这一抽象法定刑升格要件的认识问题。因情节的具体内容不同，在认识内容上具有不同的性质与要求。当情节（特别）严重事实是指首要分子、多次、作为行为孳生之物或报酬的违法所得数额（特别）巨大属于不需要认识的内容时，这些事实不是认识的内容；当情节（特别）严重事实是指致人伤亡的加重结果时，此时应套用结果加重犯的原理，即对这一事

---

❶ 张明楷. 法定刑升格条件的认识 [J]. 政法论坛，2009（5）.
❷ 山中敬一. 刑法总论 [M]. 东京：成文堂，2008：189.

实不需认识，但应具有认识可能性。当情节（特别）严重事实是指加重财产损失时，只有当行为人对加重财产损失具有认识的情况下，才能对其适用加重法定刑。

七、对规范性构成要件要素的认识

根据判断时是否需要价值评判和规范理解，可将构成要件要素分为记述的构成要件要素和规范性构成要件要素。其中，规范性构成要件要素是指那些需要进行价值判断才能明确其含义的犯罪构成要素。规范的构成要件要素的发现，使得构成要件成为了真正的违法行为类型。为了更加方便地理解和判断规范性构成要件要素，不同的学者根据不同的标准对其进行了深层次的区分。我国学者将规范的构成要件要素分为三类："一是法律的评价要素，即必须根据法律、法规作出评价的要素。如'依法''国家工作人员''滥伐'等；二是经验法则的评价要素，即需要根据经验法则作出评价的要素。如'危险方法''危害'公共安全等；三是社会的评价要素，即需要根据社会的一般观念或社会意义作出评价的要素。如'猥亵''淫秽物品''特别残忍'等"。❶ 对于记述的构成要件要素，行为人一般只需对其表述的事实有所认识，就能认识到行为的内容和社会意义，也就是对行为的实质违法性具有认识。例如，行为人认识到自己正在举枪朝被害人的头部射击（对行为事实的认识），进而认识到自己行为的内容和社会意义（认识到自己在实施杀人行为），更进

---

❶ 张明楷. 犯罪构成体系与构成要件要素 [M]. 北京：北京大学出版社，2010：197 – 198.

一步认识到自己的行为是在侵害他人的生命权利（对实质违法性的认识）。至于规范的构成要件要素的认识问题，以前虽有争论，但现在理论界基本达成一致，即犯罪故意必须对规范的构成要件要素有认识。大冢仁教授认为："特别是关于规范性构成要件要素，有认识其意义的必要。例如，为了能够说具有贩卖猥亵文书罪的故意，行为人必须认知自己贩卖的文书是猥亵的文书这种刑法的意义"。❶ 德国学者指出："故意必须与客观构成要件的所有要素相结合。……当认识内容属于记述的构成要件要素时，行为人必须理解事实的意义内容；当认识内容属于规范的构成要件要素时，以行为人认识到要素的完全意义为要件"。❷ 笔者认为，虽然规范性构成要件要素因须精神上的理解和价值的判断，使一般人对其存在认识困难，但根据责任主义原理，行为人只对具有非难可能性的事实承担责任，构成要件要素是故意的认识内容，记述的构成要件要素与规范的构成要件要素在本质上同为构成要件要素，两者在性质上并无明显的区别，因此，故意认识内容应包含规范的构成要件要素，我们不能简单的以规范的构成要件要素须价值判断为由，无视故意的认识内容应包含规范构成要件要素这一现实。

在明确故意的认识内容包含规范性构成要件要素后。怎样判断行为人对规范的构成要件要素具有认识就成为了一个问题。一般认为，对于法律的评价要素，只要行为人对作为法律评价的基础事实有认识，就认为其对规范要素有认识。例如，认识到国家工作人员

---

❶ 大冢仁. 犯罪论的基本问题 ［M］. 冯军，译. 北京：中国政法大学出版社，1993：191 - 192.

❷ 汉斯·海因里希·耶塞克，托马斯·魏根特. 德国刑法教科书 ［M］. 徐久生，译. 北京：中国法制出版社，2009：218.

持行政决定文书执行拆除违章建筑时，就应该能认识到工作人员在依法执行公务；在对公务员法所规定的事实有认识的前提下，就能具有对国家工作人员的认识。因此，必须结合相关的法律法规来认识法律的评价要素。对于经验法则的评价要素，它是以一定的事实为根据，通过社会经验、因果法则来进行判断的构成要件要素。因此只要对判断资料或基础的事实有认识，原则上就应对经验法则的评价要素有认识。例如，认识到自己正在对汽车的关键部件进行破坏，就应该能认识到"会使汽车发生倾覆、毁坏的危险"；未遂犯是具有侵害法益危险性的犯罪形态，在对其客观危险进行判断时，不是从行为人的角度，也不是站在一般人的立场，而是根据客观经验法则来判断危险的有无，所以对这种危险的认识与否，也应以对作为其判断资料或基础的事实有认识为前提。难度主要还是在对社会的评价要素的认识，社会的评价要素是需要通过社会一般人的价值观念来理解的规范要素，不同的人有着不同的价值观念，因此，我们要善于了解社会现实和了解一般人，并通过社会一般的观念伦理来认定社会的评价要素。对于其认识的认定标准问题，现在得到普遍承认和适用的是德国刑法理论中所提倡的"行为人的陌生领域的平行评价"（Parallelwertung in der Laiensphare）公式。该理论认为行为人对规范的构成要件要素的认识，不需要其像法官那样完全理解规范概念的精准法学意义，而只需具有一般人基于社会常识认识到规范概念所表述的与犯罪性相关的事实的意义。该理论的核心观念是，构成要件里规定的事实要素的价值特征并非是由法律，至少不是由刑法的核心部分创造出来的，而是在社会现实中发现的。在对规范的构成要件要素认识过程中，犯罪故意只可能是对其价值特征的认识，而不是对表达了这种价值特征的法律概念的了解，行为人因法律对其行为的评价所产生的想法不会对故意造成影响。所以"在规范的构成要件要素的场合，不要求行为人了解规范概念的法律定义，只要行为人以自己的认识水平理解了具体化在规范概念中的立法者的评价即可，即只需行为人的认识内容与规范概念的实质相当即可"。❶ 例如，在对淫秽物品进行认识时，不需要认识到其精准的法学定义，如果是那样的话，只有法学专业人士才能理解淫秽物品的实质内涵，此时，只需认识到是社会一般人认为不能公开的下流的或黄色的物品即可。当社会一般人认为猥亵是占妇女便宜或耍流氓时，只要行为人对占妇女便宜或耍流氓的事实有所认识时，就应该认为其认识到了《刑法》第 237 条"猥亵"的规范含义。在这种场合法官须拉近自己与一般民众的距离，且思维不断游走于生活语言与法律语言之间，不能用纯粹个人观念代替社会一般价值。因此，对社会的评价要素的认识而言，不应仅满足于对规范概念事实的认识，更大程度上应是以外行人的方式对构成要件要素的法律社会意义的正确理解。

八、对无违法阻却事由的认识

故意是对构成要件事实的认识和容忍，在行为人对构成要件事实有认识的前提下，原则上就应成立故意。但当行为人认识到其行为存在违法阻却事由时，此时就应排除故意的成立。这是因为构成

---

❶ 张明楷. 犯罪构成体系与构成要件要素 [M]. 北京：北京大学出版社，2010：216.

要件是为违法性奠定基础的事实，而违法阻却事由是阻却违法事实，也就是说，即使存在构成要件事实，在同时存在着违法阻却事由该当事实的场合，因其在整体上不能赋予行为违法性评价的事实，当行为人认识、预见到这一点后，就应认为其整体上不存在对为违法性奠定基础的事实的认识，所以应否决故意的成立。例如，在假想防卫的场合，行为人在误认为存在正在进行的不法侵害的情况下，实行了所谓的正当防卫，此时行为人存在认识错误，以为存在违法阻却事由，实际上行为人对为违法性奠定基础的事实没有认识，所以不能成立故意犯罪。总之，即使存在对构成要件该当事实的认识或预见，但在也对该当违法阻却事由事实存在认识或预见的场合，行为人所认识或预见的事实从整体上而言是未受到违法评价的事实，这时就不能追究行为人故意的责任。

对于无违法阻却事由的认识的问题，理论上还存在消极的构成要件要素的学说。此学说的理论根基在于："构成要件不仅包含了法益侵害行为是违反规范的行为这种抽象的评价，而且已经包含了对具体行为的最终的无价值判断。立法者在制定规范命令时，就已经同时考虑了例外情况，刑法的禁止自始就受到了违法阻却事由的限制"。❶ 因此，消极的构成要件要素论者试图用"不法"这一概念来合并构成要件该当性和违法性。因为两者的功能均是认定不法，只是构成要件该当事实是正面积极的为行为的违法性奠定基础，而违法阻却事由该当事实则是消极反面的为违法性奠定基础。消极的构成要件要素论将违法阻却事由纳入构成要件，违法阻却事由就是消

---

❶ 马克昌. 比较刑法原理 [M]. 武汉：武汉大学出版社，2001：237.

极的构成要件要素。具体行为只有在符合正面的构成要件要素，同时不符合消极构成要件要素的前提下，才能认为行为是真正的符合了犯罪整体不法构成要件。所以，不法构成要件事实是故意的认识内容，犯罪故意不仅对正面积极的构成要素有认识，还应认识到不具备消极反面的构成要素的情形。

或许本书的结论和消极构成要件要素理论没有本质的差别，但笔者不赞同消极的构成要件要素的学说，原因在于其完全混淆了构成要件和违法性两者不同性质事物的区别。不该当构成要件的行为大都没有法益侵害性，是在刑法上不具有重要意义的行为，而具有违法阻却事由的行为原本就是侵害法益的行为，只是从整体的法律规范价值体系来看是值得肯定，于是例外的予以合法化的行为。正如批判者所言，消极构成要件要素理论无异于将打死一只蚊子的行为与正当防卫杀人行为混为一谈。再者，不符合构成要件的行为不一定是其他法规范所认可的行为，例如，盗窃数额不大的财物不符合构成要件，但却是违反治安管理处罚的行为。对于这种行为是可以进行正当防卫的，但符合阻却违法事由的行为在法律上是合法的行为，绝对不允许对其进行正当防卫。消极的构成要件要素的学说虽然在解决违法阻却事由认识错误的情况下具有一定作用，但因这一学说存在重大的理论缺陷，在本书中不予采纳。

第三节　事实性认识不需要认识的内容

构成要件具有故意规制机能，故意具有构成要件关联性特征。

原则上行为人必须对包含于构成要件之中的事实具有认识或预见才成立故意。但有原则就存在例外，故意的成立并不需要对所有构成要件事实都有认识，在构成要件该当的事实中，在能够解释为成立犯罪不需要对一部分事实的认识或预见的场合，就是这样的例外。具体来讲，主要包括以下三种情况。

一、对因果关系不需要认识

因果关系到底是不是故意的认识内容，在理论上是一个存在激烈争论的问题。其主要观点归纳起来有两种：一是"认识必要说"，此说认为成立故意应当对因果关系有所认识。对于结果犯，没有认识因果关系等于没有认识行为会发生危害结果。日本学者认为："因果关系的认识当然对于故意的成立是不可缺少的，但这种错误并没有重要到能够阻却故意"。❶ 俄罗斯学者认为："预见后果的前提是主体（哪怕是大体上）认识到行为与后果之间的因果关系的发展"。❷ 赞成"认识必要说"的学者大多主张"有限制的认识说"，即不需要对因果关系的具体过程有精确的认识，而只需对因果关系经过的基本部分或有重要意义的部分有认识即可。因为详细的认识因果关系的具体过程，不仅没必要而且也不可能，所以只要对其有一个大概的认识就足够了。例如，"对行为与结果间因果关系的认识，不要求行为人对因果关系的具体发展过程有明确的认识"；❸

---

❶ 山中敬一. 刑法总论2版［M］. 东京：成文堂，2008：300.
❷ 斯库拉托夫，等. 俄罗斯联邦刑法典释义（上册）［M］. 黄道秀，译. 北京：中国政法大学出版社，2000：48.
❸ 高铭暄，马克昌. 刑法学（上编）［M］. 北京：中国法制出版社，2000：204.

"只要行为人认识到或可能认识到因果关系的整体发展趋势就够了"；❶ 或者"因果关系的认识，应该是预见自己的实行行为与构成要件性结果的发生存在相当因果关系，不需要预见因果关系的具体细节"等。❷ 二是"认识不必要说"，此说认为犯罪的核心是行为，对因果关系认识与否，对犯罪类型是否特定毫无影响。只需对具有侵害法益紧迫危险的实行行为有认识就可以了。并且也不能因为实行行为与结果之间的因果关系不具有相当性而否定故意的成立。"如果要求行为时必须认识到因果关系的基本部分的话，那么在实际因果关系与其认识发生重大偏差的情况时，会因为重大的错误而否定故意，这就带来连未遂犯都不能成立的不当的结果"。❸

　　本书支持"认识不必要说"，认为因果关系不应成为犯罪构成要件要素，行为人具有故意时不需要对因果关系具有认识。倘若因果关系是故意的认识内容，那么在对因果关系出现认识错误时，就应阻却故意的成立，这一结论的出现应该是逻辑的必然。但"认识必要说"论者恰好在这一问题上不能自圆其说。例如，理论上经常讨论的案例，行为人甲意图枪杀站在悬崖边上的乙，当行为人扣下扳机的那一刻，被害人乙因惊慌恐惧跌下悬崖身亡。对于这一案例，"认识必要说"论者无一例外都认为甲成立故意杀人罪既遂，此时因果关系认识错误并不阻却故意的成立。即便如"认识必要说"论者所言，不需对因果关系的具体细节有认识，只需认识到因果关系的梗概就可以，但上述问题也不能完全避免。例如，行为人意图杀害

---

❶　冯军. 刑事责任论 [M]. 北京：法律出版社，1996：155 – 156.

❷　大塚仁. 刑法概说（总论）[M]. 冯军，译. 北京：中国人民大学出版社，2003：180.

❸　前田雅英. 刑法总论讲义 [M]. 4 版. 东京：东京大学出版会社，2006：229.

他人而将他人砍成轻伤，被害人在送往医院的途中遭遇车祸身亡。一般认为在这种情况下，行为人成立故意杀人未遂，因果关系错误不阻却故意，只是死亡结果不能归责于行为人。但若根据"有限制认识说"，因此时行为人对因果关系的"整体发展趋势"或"行为指向的目标所发生的特定客观变化"根本没有认识，所以应认为故意不成立。但实际上即使对现实发生的因果关系的重要部分（因事故死亡）没有认识，也不能说明行为人就没有故意。在杀人的意图下，如果有对用刀砍这种实行行为有认识，即使对现实突发的因果关系没有认识，行为人也应构成故意。因此，因果关系不影响主观认识，其只是行为人应负刑事责任的客观根据，当行为人设想的因果经过因某种原因出现偏离时，对其侵害法益的意志决定并无影响。所以，因果关系不应成为故意的认识内容。

二、对结果加重犯的加重结果不需要认识

结果加重犯是指由基本的犯罪而发生了更重的结果时所成立的，并与基本犯相比其危害性更大，因此加重其法定刑的犯罪形态。从纯理论观念来看，可以将结果加重犯分为以下四种表现形态：一是基本犯为故意，加重结果为故意；二是基本犯为过失，加重结果亦为过失；三是基本犯为故意，加重结果为过失；四是基本犯为过失，加重结果为故意。至于各国具体的结果加重犯的立法例，则主要是看对上述形态是全部承认还是有所选择。与国外立法主要将致人死伤规定为加重结果不同，我国有关结果加重犯的立法呈现出数量较多、结果多元、形式多样的特点。据有关学者的归纳："我国刑法对

结果加重犯的规定存在五种方式：一是明确将死亡、重伤结果规定为加重结果（20 个左右条文）；二是将'严重后果''特别严重后果'规定为加重结果（30 个左右的条文）；三是将'重大损失'作为加重结果内容（20 个左右的条文）；四是将'数额巨大''数额特别巨大'作为加重结果内容（20 个左右条文）；五是'情节严重''情节特别严重'的规定，由于'情节'并不限于结果，刑法理论常以'情节加重犯'来指称这类现象，但不可否认的是，'情节'包含结果，故情节加重犯中包含了结果加重犯（100 个左右条文）"。❶ 就加重结果的罪过形式而言，我国刑法既有只对加重结果具有过失的立法例，如故意伤害致死，行为人只能对死亡结果有过失，假如对死亡结果有故意，那就应径直成立故意杀人罪，而非故意伤害罪的结果加重犯。也还包括对加重结果既可以是故意也可以是过失的立法例，例如，抢劫致人重伤、死亡，行为人对死亡、重伤结果既可能是故意也可能是过失。国外刑法理论在讨论加重结果的罪过形式时，"至少具有过失"原则占据通说地位。此说意味着对加重结果的罪过形式不排斥故意。这一原则因能正确体现责任主义原理，具有相当的合理性。本书认为刑法理论应固守"至少具有过失"的立场，这就为行为人对加重结果承担刑事责任奠定了主观基础，这一立场正确地反映了责任主义原理的要求。行为人没有过失所造成的加重结果当然不能归责于行为人，如同意外事件不以犯罪论一样。再者，虽然加重结果是行为人的行为所通常引起的结果，但也不能排除在特殊情况下行为人对加重结果确实没有预见的情形，

---

❶ 张明楷. 严格限制结果加重犯的范围与刑罚 [J]. 法学研究, 2005 (1).

所以仍应积极地判断行为人对加重结果的主观罪过。

在确立"至少具有过失"原则后，应认为加重结果不是认识内容，也就是说，在结果加重犯中，行为人不需要认识到加重结果，但应具有认识可能性。当行为人对加重结果仅具有过失时，如果行为人对加重结果有认识的话，应成立其他重罪，此时结果加重犯并不成立。当对加重结果既可以是故意也可以是过失时，行为人是否认识到加重结果，并不影响结果加重犯的成立。

针对结果加重犯大幅度加重刑罚可能违背公平原则的问题，学术界也试着用相当理论来限缩结果加重犯的适用范围，比如以相当关系、直接关系或者独特危险的实现等说法作为适用结果加重犯之要件，但令人遗憾的是，其中大部分的限制方法，其实并不算成功，比较值得注意的应该是把行为人的轻率，或者是把基本犯罪行为对于加重结果的特别高风险列为构成结果加重犯的要件。❶ 所谓轻率和特别的高风险，大体上是在相同情形下从不同的角度予以考查的结果，特别的高风险是从客观方面而言，意指某一行为在行为发生的背景之下非常可能导致一定结果的发生，例如，严重殴打一个幼童，很可能会导致幼童的死亡。至于行为人的轻率，则是从主观方面而言，意指对于一定结果的发生，行为人有高度的预见可能性，但是却未预见。一般而言，行为人对于一定结果的发生是否具有高度的预见可能性，也就是建立在客观的高风险之上。然而，客观上的高风险并不永远保证行为人的高度预见可能性，因为可能会存在例外，亦即如果行为人的认知和判断能力特别低，那么即使客观上的高风

———————
❶ 关于各种限制结果加重犯的理论介绍及评论，参见：黄荣坚. 刑法问题与利益思考［M］. 台北：台湾元照出版公司，1999：499.

险，行为人并不因此就会有高度的预见可能性。因此，如果低能力的行为人未能预见到客观上的高风险，我们还不能说他是轻率，整体来讲，在对加重结果的适用条件的设定上，以行为人的轻率为要件，比单纯用客观上的高风险更为周延。轻率过失比起一般过失，是一种更高程度的过失，与之相对应也需要配置更高的刑罚，民法上对于过失有轻过失与重大过失之分，事实上，民事关系大抵以财产之补偿为目的，理应着重于行为之结果，却有轻过失与重大过失之分，而刑法必须讲究行为本身期待可能性的概念，更可以有轻过失与重大过失的区别。因此，实证法对于过失并没有区分轻过失与重大过失的情况下，如果我们在结果加重犯的规定中另外设定轻率过失的概念是有其意义的。基于此，对于结果加重犯的构成，除了一行为该当于故意形态的基本犯罪以及过失形态的结果加重犯罪以外，就加重结果的部分，限定必须是轻率过失，亦即必须是一种高度的过失。如果对于加重结果的部分不是出于高度过失，那么还是只能适用一个故意犯罪和一个过失犯罪的想象竞合，而不能适用施以重罚的结果加重犯的规定。综上所述，以轻率过失作为结果加重犯的要件，能更好地贯彻责任主义的要求，集中体现对加重结果至少是过失的原则。

三、对客观处罚条件不需要认识

在德国、日本刑法理论中，行为一般在具备构成要件该当性、违法性和有责性三个要件后即构成犯罪。但在一些特殊情况下，立法者在上述三大要件外专门附加了一定的处罚条件，以期达到对国家刑罚权予以限制的目的。换句话说，本来原则上只要认为构成犯罪时就应发动刑罚权，但在例外情况下，刑罚权的发动则取决于一些特定的条件，这些事由或处罚条件就被称为客观处罚条件。例如，德国《刑法》第 283 条前五款对破产罪的构成要件作出了规定，该条第 6 款被认为是对客观处罚条件的规定："行为人仅在停止支付或就其财产宣告破产程序或宣告破产的申请因缺乏破产人财产而被驳回时，始可处罚"。行为在符合前五款时就已构成破产罪，但只在具备第 6 款时才予以处罚。❶ 对于客观处罚条件的地位或性质，理论界一直存在争论。传统观点认为，客观处罚条件与行为的违法性和有责性评价无关，并且通常是第三者的行为结果，其设立主要是基于刑事政策的考虑，进而实现对刑法处罚范围的限制。即使条件不具备时犯罪业已成立，只是不能处罚而已。因此客观处罚条件不属于构成要件要素，行为人对此条件的认识与否，不影响故意的成立。但后来有一种有力的观点主张，纯粹由刑事政策左右刑罚权的发生的看法实有不当。构成要件要素是为违法性奠定基础的客观违法要素，客观处罚条件的设置导致行为的违法性增加，应将客观处罚条件还原为构成要件要素。现行通说则认为客观处罚条件虽说不是构成要件，但其应是决定犯罪成立与否的可罚性实体要件，因此，对于那些有客观处罚条件规定的犯罪来说，犯罪的成立除了具备该当构成要件、违法性与责任外，还应要求符合客观处罚条件。客观处罚条件在一定程度上就是构成要件的附加物，成为限制处罚范围的必要要件。因此，正如客观处罚条件的名称那样，其在判断上只需

---

❶ 黎宏. 刑法总论问题的思考 [M]. 北京：中国人民大学出版社，2007：180.

客观存在即可，至于行为人对其主观罪过可以在所不问，不需要存在与之相对应的主观要素。又因为客观处罚条件不是构成要件要素，所以，故意的认识内容不包括客观处罚条件。但是，客观处罚条件作为犯罪的可罚性实体要件，是行为成立犯罪必不可少的一环，纵使行为人的行为满足构成要件该当性、违法性、有责性的条件，倘若客观处罚条件未能成就，也不能认为行为人的行为构成犯罪。❶

众所周知，我国刑法学界通行的犯罪论体是采四要件体系，所有与犯罪成立有关的要素都被纳入犯罪构成，并且认为犯罪构成是行为人负刑事责任的唯一根据，传统犯罪论体系中根本没有客观处罚条件存在的位置，类似德国、日本理论中的客观处罚条件的要素都被认为是构成要件客观要素。然而，是否可以承认我国刑法中存在这样的要素，即这种要素既是犯罪的客观构成要件要素，又不需要有相应的主观要素与之对应，并且它又不是故意的认识内容的客观要素。我国学者从国外主观超过要素和客观处罚条件理论中得到启示，并结合中国刑事司法实际创立了"客观超过要素"这一概念。"客观超过要素"是指"有些客观要素虽然是成立犯罪必须具备的客观构成要件要素，但它们超出了行为人的主观故意内容，而不需要行为人对之具有认识与放任的态度"。❷ "客观超过要素"创立的初衷是为了解决特定犯罪的罪过问题。例如，《刑法》第397条对滥用职权罪的构成要件作出规定："国家机关工作人员滥用职权或者玩忽职守，致使公共财产、国家和人民利益遭受重大损失的"。所谓滥

❶ 陈子平. 刑法总论 ［M］. 北京：中国人民大学出版社，2008：106. 林山田. 刑法通论（修订十版）［M］. 北京：北京大学出版社，2012：266.

❷ 张明楷. 犯罪构成体系与构成要件要素 ［M］. 北京：北京大学出版社，2010：226.

用职权，是指国家工作人员处于不当目的或不法方法，违法行使职权的行为，但纯粹的滥用职权行为不会被科处刑罚，所以法律特别强调"致使公共财产、国家和人民利益遭受重大损失"，使滥用职权行为整体上达到科处刑罚的程度。行为人对滥用职权的行为明显是持故意心理，但对"致使公共财产、国家和人民利益遭受重大损失"的结果不具有故意，并且本罪法定刑较低。此时，应将"致使公共财产、国家和人民利益遭受重大损失"当作客观超过要素，即其是构成要件要素，但行为人不需对其具有认识。这样可以有效避免司法实践中对该罪罪过形式的争论。虽说行为人对客观超过要素不需具有认识，但为贯彻责任主义，行为人对其应具有认识可能性。否则，行为人对其不承担责任。

四、对空白刑法之补充法规不需要认识

所谓空白刑法是指犯罪构成要件的内容必须参照其他法律、命令或者行政法规来填补的刑法规范，其所参照的其他法律、法规必须是在空白刑法之外单独颁布的，就空白刑法而言，只有待填补规范的补充，才形成完整的犯罪构成要件。空白刑法所产生的关于故意认识因素的问题是：行为人关于填补规范出现认识错误时，是否阻却犯罪故意。对于此问题，首先必须强调的是，此处行为人的认识是对法规本身，而不是对法规所规范的事实，行为人的故意属于空白刑法本身的构成要件事实有所认识意外，还必须对该当于填补规范所列的构成要件事实有所认识，否则即属欠缺故意。例如，如果有关机构所颁布的命令规定，肉类生品进口必须经过检验，而行

99

第二章　事实性认识

为人对于所进口制品认识不清，误以为所进口食品已经是熟品，不知道所进口者事实上仍属于未煮熟的生品，那么由于行为人所认知的事实并不该当生品之要件，所以不能认为行为人具有犯罪故意。真正的问题在于，行为人的故意是不是必须对填补规范的法规本身有所认识？例如，行为人误以为只有活的动物进口才必须经过检验，根本不知道主管机关所颁布的命令当中，进口肉类生品也必须经过检验，那么是不是可以因此认为行为人欠缺故意？

所谓故意，基本概念上就是对构成要件事实的认识，而不是对法规的认识，所以，不管行为人对填补法规的法律本身是否有所认识，都不会影响到行为人的故意。不过也有少数采取极端反对意见者认为，此处行为人的故意包括行为人对填补规范的法律本身的认识，理由是空白刑法及其填补规范大致出现在行政法领域，其内容原则上属于价值中立的规定，而非同于一般的伦理犯，因此，在行为人对该行政法规并无认识的情况下而论以故意犯罪，处罚不免过重。❶ 尤其是所谓的法定犯，如果不是有客观上值得非难的利益侵害，而只是为了因应情势的需要而加以处罚，那么这种合法性本身就有问题。其实法定犯之所以将某一些行为规定为犯罪，也是基于一定的客观利害关系的考量，才将这些行为规定为犯罪，例如，《野生动物保护法》对于猎捕特定野生动物的处罚规定，因为物种的多样化对于人类本身就是一个重大的利益，所以野生动物保护法对于特定动物的保护，并不是如同一般对于法定犯概念所说的，认为法定犯所规定的禁止行为内容在价值判断上是中立的。毋庸讳言，在

---

❶ 参见：黄荣坚. 基础刑法学 [M]. 台北：元照出版社，2012：438.

现代社会中，对于所谓空白刑法或法定犯，一般人基本上有初步的认识，但很少有人知道其具体的范围。但是即使如此，仍然不影响行为人故意的成立。特别是在容许的风险概念的理解下，行为人既然初步认识野生动物保护的法律内容，那么自然知道一般情况下猎捕野生动物的故意。因此，关于空白刑法之补充规范的认识问题，应以多数说为准，即补充规范本身不是犯罪故意认识因素的内容，故意永远是对构成要件事实的认识，至于对法规的认识与否，并不影响故意的构成，此一基本原则，不仅对一般刑法规范来说如此，对空白刑法而言亦是如此。

第四节 特殊犯罪类型的事实性认识

一、共同犯罪中共同故意的认识因素

我国《刑法》第 25 条第 1 款规定："共同犯罪是指二人以上共同故意犯罪。"与单独犯罪故意相比，共同犯罪中共同故意的认识因素不同于个人故意，不仅要求行为人对本人行为的危害结果有所认识，还要求行为人对参与共同犯罪的其他行为人的犯罪事实有所认识，共同犯罪故意在认识因素方面有自己的特点，其不同主要体现在以下三个方面：❶ 第一，共同犯罪的行为人不仅认识到自己在实施犯罪行为，而且还认识到自己是在和他人相互配合完成犯罪。即共

---

❶ 参见：马克昌. 犯罪通论 [M]. 武汉：武汉大学出版社，2003：511.

同犯罪人以直接或间接的方式知道其他人正与自己分工合作、相互配合共同实施犯罪。所谓"直接方式"是指共同犯罪人之间相互熟知，明确知道他人在配合自己实施犯罪，所谓"间接方式"是指共同犯罪人通过某一犯罪事实而联系在一起，靠中介进行联系，知道有其他人在配合自己实施犯罪。根据共同犯罪内部是否存在分工，共同犯罪故意认识因素又可分为认识到自己和他人在共同实行犯罪与认识到他人在配合自己实施犯罪两种形式。在认识到自己在和他人在共同实行犯罪时，共同犯罪人之间相互熟悉，存在相互共同实行犯罪的认识。在认识到他人在配合自己实施犯罪时，共同犯罪人通过一定的"中介"进行联系，彼此之间存在一起分担共同犯罪行为的认识。需要特别予以指出的是，虽然共同犯罪人为了实施特定的犯罪而在共同的意思下结成一体，但这并不意味着共同犯罪人之间彼此相识，他们之间是否相识对其意思联络并无影响，也不妨碍对共同犯罪行为产生共同认识。例如，在内部存在严密分工的绑架集团里，有的人可能负责劫持人质，有的人可能负责藏匿"肉票"，有的人则负责居中联系。又如，某组织卖淫集团内部分工严密，有的人负责诱骗妇女，有的人则负责运输妇女，有的人则负责强迫妇女卖淫，但有的人员之间并不是相互熟知，他们只是奉集团首脑之命行事。因此，某些人员之间可能素不相识，但是并不妨碍他们在共同故意的支配下形成有效的犯罪共同体。第二，各共同犯罪人不仅对自己的行为产生的结果具有认识，而且对其他共同犯罪人的行为会产生某种犯罪结果也存在一定程度的认识。行为人对自己行为的结果的认识与单独犯罪时别无二致，在此不再赘述。值得讨论的问题是各共同犯罪人在多大程度上对其他共同犯罪人的行为具有认识。笔者认为，由于共同犯罪案件本身在定罪量刑方面的特殊性，各共同犯罪人并不需要也不可能对其他犯罪人的犯罪活动有具体明确的了解。这是因为：首先，各共同犯罪人具有独立的思维与人格，每个人虽说是在共同故意的支配下实施共同的犯罪行为，但个人情况有所不同，犯罪活动中的随意性也较大，特别在内部存在分工的共同犯罪中，共同犯罪人之间也不可能完全具有统一的思想或行动。其次，对于事前通谋的共同犯罪来说，犯罪人之间有着周密的实施计划和详尽的分工，此时，共同犯罪人间的认识程度可能较高，每个人对他人的犯罪活动都会有一定程度的了解。但对于那些事前无同谋的共同犯罪，就很难想象各共同犯罪人对他人的行为情况有着具体的了解。最后，对于那些内部有着严密的组织结构和细致的分工的共同犯罪，因为每个人在共同犯罪中的作用和地位不同，共同故意的认识程度也就不同。在共同犯罪中起组织、策划、指挥作用的犯罪分子可能对其他成员的犯罪活动有比较充分、明确的了解，而对在共同犯罪中起次要作用或被胁迫参加犯罪的人来说，则其对他人犯罪活动的认识就比较有限。所以共同故意的认识内容不包括他人用何种方式参与犯罪活动，而只需对他人的行为可能产生危害结果具有认识即可。第三，共同犯罪故意需要认识到共同危害结果。共同危害结果是共同故意认识内容的核心。"认识共同的危害结果，意味着每个共同犯罪人的故意内容相同，即对共同危害结果的内容与性质具有共同的认识，表明共同故意的认识范围与认识指向，这是共同故意成立的关键"。❶ 如果共同犯罪人在对共同危害结果的认

---

❶ 姜伟. 罪过形式论 [M]. 北京：北京大学出版社，2008：333.

识上出现分歧，那么就不能认为共同犯罪人之间存在共同故意。例如，甲教唆乙伤害丙，但乙却误认为是要杀死丙，最后乙将丙杀害。显然，某甲和某乙对危害结果的认识出现了不一致。此时甲只有伤害的故意而无杀人的故意，而乙则是杀人的故意，由于甲乙二人在故意内容上不一致，所以共同犯罪的成立只限于在故意伤害的范围内，而丙死亡的结果则完全由乙负责。当然，共同犯罪人对共同危害结果的认识并不需要完全一致，只需在《刑法》规定的范围内相同即可。共同犯罪结果主要包括两种情况：一种是某种特定的危害结果，例如，造成他人伤害或死亡的结果、强奸罪中妇女性权利被侵害的结果等，对于这一类危害结果，共同犯罪行为人往往有比较明确的认识。另一种则是不特定的或者说具有概况性的危害结果，例如，对发生在公共场所的突发性的聚众斗殴行为而言，斗殴行为到底是会致人伤害还是会发生致人死亡的结果，此时并不确定，共同犯罪人只要认识到危害结果的基本范围，即只需行为人认识到可能发生的结果，此时也可认为行为人具有共同犯罪的故意。当然，并不要求共同犯罪人对共同危害结果的程度达成一致的认识，有的人可能认识到一定会发生某一结果，有的人只是认识到可能会发生某一结果，但这都不影响共同故意的成立。

二、不真正不作为犯的认识因素

关于不真正不作为犯故意认识内容问题，国外刑法理论存在争论。德国刑法学界现行通说认为："不真正不作为犯的故意的认识内容包括对有必须不完成具体的命令行为的认识以及自己存在完成命令行为可能性的认识。"❶ 根据这种观点，不作为的认识和行为可能性的认识是不真正不作为犯的故意认识因素的核心。此观点也不乏批评的声音。反对论者出于政策性的考虑，认为将不作为的认识和行为可能性的认识看作不真正不作为犯的故意认识内容是没有道理的，只要有行为能力的保证义务人对构成要件事实具有认识，且没有按照法律的要求形成反对动机，此时就能以故意犯追究刑事责任，不用考虑是否认识到不作为和行为可能性。例如，一直不想和妻子共同生活的丈夫，在妻子不慎落水后，丝毫不考虑能否救助激流中的妻子或怎样救助，反而站在一旁袖手旁观、幸灾乐祸。这个案例中，行为人并没有考虑自己的行为可能性，如按照德国刑法学界通说的观点，行为人没有行为可能性的认识，就不能以故意犯追究行为人的刑事责任，这种结论显然令人难以接受。所以，应认为不真正不作为犯故意的认识因素必须是符合构成要件事实的认识，而非行为可能性的认识，对行为可能性的认识错误不影响故意的成立。❷

笔者赞同反对论者的看法，但问题是到底何为不真正不作为犯构成要件事实？不真正不作为犯构成要件事实包括哪些要素？对于不真正不作为犯，并不是只要不作为与危害结果具有因果关系就该当构成要件。例如，对溺水儿童的见危不救，在场围观的人并不都符合故意杀人罪的构成要件。否则，会严重扩大刑法处罚范围，过度地限制了国民的自由。所以，刑法理论上一般认为处罚对象只限于负有防止危害结果发生的义务的人。其中，防止结果发生的义务

---

❶ 参见：日高义博. 不作为犯的理论 [M]. 王树平，译. 北京：中国人民公安大学出版社，1992：127.

❷ 参见：日高义博. 不作为犯的理论 [M]. 王树平，译. 北京：中国人民公安大学出版社，1992：148.

就是作为义务，负有作为义务的人称为保证人，保证人地位与作为义务就是不真正不作为犯的构成事实。不真正不作为犯的故意是否需要同时对保证人地位与作为义务具有认识，理论上存在一体说与区别说两种观点：❶ 一体说认为应在观念上整体把握保证人地位与作为义务，将二者完全隔离是难以想象的，不真正不作为犯的故意需同时对保证人地位与作为义务具有认识。因保证人地位与作为义务均属于不成文的构成要件要素，只要行为人对此具有外行人领域的评价认识，就认为能成立故意。而分离说则主张将保证人地位与作为义务予以分开考虑，根据此说，保证人地位应属于构成要件的范畴，而行为人的作为义务则应纳入违法性中予以考虑。所以，保证人地位属于故意的认识内容，因为其是为作为义务提供事实性、法律性根据的事项，而作为义务则不属于故意事实性认识的内容。例如，甲与未成年的乙系父子关系，乙因贪玩不慎跌入河中，设想有以下两种情形：(1) 甲虽认识到有小孩掉入河中，但以为不是自己的小孩乙，而是认为与自己无关的别人，因而没有伸出援手，致使乙溺水身亡。(2) 甲明知掉入水中的是自己的孩子乙，但误以为自己没有救助义务，因而没有伸出援手，致使乙溺水身亡。根据一体说的观点，在上述的情形 (1) 中，由于甲对保证人地位不具有外行人领域的平行认识，所以不成立不作为的故意杀人罪。然而在上述情形 (2) 中，甲对作为义务具有外行人领域的平行认识，故不阻却故意的成立。根据分离说的观点，上述情形 (1) 属于行为人甲对其保证人地位缺乏认识，故甲此时不成立不作为故意杀人罪，上述情

---

❶ 参见：张明楷. 刑法学 [M]. 4 版. 北京：法律出版社，2012：153.

形（2）属于行为人甲对作为义务认识错误，故甲在此种情况下依然成立不作为故意杀人罪。本书在这一问题上赞同一体说，因为保证人就是没有履行作为义务防止危害结果发生的人，而作为义务则是保证人负有的防止结果发生的义务。只有具有作为义务的人才是保证人，也只有保证人才能承担作为义务。所以，二者应在社会观念上做一体性理解，都应是不真正不作为犯故意的事实性认识的内容。

三、持有型犯罪的认识因素

持有是指以自身能力支配或控制某物，而持有型犯罪则是指支配或控制刑法所禁止的物品的犯罪，我国《刑法》规定了非法持有毒品罪、非法持有枪支弹药罪、持有假币罪等典型的持有型犯罪。构成要件具有故意规制机能，犯罪故意的成立需要对构成要件事实有所认识，同理，持有型犯罪故意的成立也需要行为人对客观构成要件事实具有认识，否则，不能成立故意持有型犯罪。然而，就持有型犯罪而言，到底哪些事实属于要求行为人加以认识的事实，行为人持有的假币、毒品、枪支弹药等具体违禁品是否必须认识？违禁品的具体数量及特征是否必须认识？这些对持有型犯罪犯罪故意成立具有重要影响的问题在刑法理论和司法实践中也并非毫无争议。

从我国《刑法》关于持有型犯罪的规定可以看出，只有持有假币罪的罪状中有"明知"规定，所以有学者认为："持有型犯罪的犯罪构成是模糊犯罪构成的一种具体表现形式，是立法者严密刑事法网、严格刑事责任的重要手段，重在体现刑法的社会保护功能，所以除持有假币罪外，其他持有型犯罪故意不需要对持有物品的认识。"❶ 其实这种观点值得商榷，首先，"明知"属于注意规定，所谓注意规定就是指已经存在相关规定，只是提醒司法人员予以注意的规定，虽然只对持有假币罪规定有"明知"，但根据刑法关于故意定义的规定和注意规定理论，可以得出对其他持有型犯罪也须对持有物品有认识。其次，所谓法律规定既包括显性规定和隐性规定，显性规定是指通过条文表面文字描述就可发现的规定，而隐性规定是指难以从字面发现其内容，需要通过有关体系逻辑分析得出的结论，其他持有型犯罪的"明知"就属于隐性规定。

持有确实表现为行为人物理性地控制支配某物，但应避免只从物理意义上来理解持有，英国学者认为尽管行为人在物理意义上已经控制某一物品，但如果他没有认识到某一物品的存在，那么不能将这种拥有归责于行为人。例如，"假如某一东西掉进了一位女士的购物篮子，而这位女士没有意识到这一东西在她的篮子里，她就不能被认为拥有这些东西，很容易在涉及拥有的庞大的判例法中找到根据来反击这一命题，但是大法官帕克勋爵、上诉法院以及国会却对此深信不疑，女士拥有的篮子，以及篮子里所装着的那些她所知道的东西，但未拥有那些悄悄放进去的东西。"❷ 因此，虽然在物理意义上行为人持有某物品，但如果行为人对持有的物品没有认识的话，就不能认为行为人具有持有某物品的故意，换句话说，物品的具体存在是持有型犯罪行为人认识因素的内容。

---

❶ 杨春洗，杨书文. 试论持有行为的性质及持有型犯罪构成的立法论的意义 [J]. 人民检察，2001（6）.

❷ J. C. 史密斯，B. 霍根. 英国刑法 [M]. 马清升，等，译. 北京：法律出版社，2000：312.

我国《刑法》规定的某些持有型犯罪对持有物没有数量上的要求，只要持有《刑法》禁止持有的物品，即构成犯罪，如非法持有枪支、弹药罪，非法持有国家绝密、机密文件、资料、物品罪；有些持有型犯罪，只有持有物品达到法定数量，才可能构成犯罪（理论上又称数额犯），如持有假币罪、非法持有毒品罪、非法持有未经灭活的毒品原植物种子、幼苗罪等。显然，构成前一类持有型犯罪，不需要行为人主观上对物品的数量有所认识。那么，构成后一类持有型犯罪，是否要求行为人主观上对物品的数量有所认识呢？对此问题，理论上争议较大，且形成截然相反的两种观点。一种观点认为，数额犯中的数额属客观处罚条件，数额犯中的故意，原则上不应包括行为人对数额多少的认识，除非行为人主观上认识的数额小于实际数额，按照处理事实上认识错误的原则，应当按照行为人的主观认识认定行为的性质。❶ 另一种观点认为，"数额较大"属故意的认识内容，属规范性构成要件。❷ 笔者认为，既然"数量较大"属数额犯构成要件的客观要素，那么，其就应属于犯罪故意的认识因素。因为"故意中认识因素的对象应包括典型事实的全部构成因素……"。❸ 在司法实践中，根据行为人实际上持有较大数量的物品这一事实，就可以推定其具备物品数量上的认识。只有行为人提出物品数量认识错误的辩解时，才需要考虑是否按事实认识错误处理。退一步讲，即使行为人对物品的数量认识错误，只要不超出该罪构成要件对物品数量的要求，也不影响持有型犯罪故意的成立。具体

❶ 赵秉志，肖中华. 如何认定故意犯罪中的"明知"［N］. 人民法院报，2003 - 03.
❷ 罗翔. 论财产犯罪中对数额的认识错误［J］. 法律适用，2009（2）.
❸ 杜里奥·帕多瓦尼. 意大利刑法学原理［M］. 陈忠林，译. 北京：法律出版社，1998：308.

而言，行为人主观上以持有少量物品为故意，客观上，物品数量无论是否达到数量较大的程度，因该行为人对物品数量认识上的错误已超出持有型犯罪构成要件对物品数量的要求，本着主客观相一致的原则，其行为都不构成犯罪。行为人主观上以持有数量较大的物品为故意，客观上物品未达数量较大程度时，应以持有型犯罪的未遂论处；实际上，物品达到数量大的程度时，应选择适用"数量大"对应的法定刑。行为人主观上以持有数量大的物品为故意内容，客观上，物品的数量只达到较大程度时，应以持有型犯罪基本犯的既遂论处，不应以持有型犯罪加重犯的未遂论处。至于其主观上以持有数量大的物品为故意内容这一因素，可以作为量刑情节予以考虑。当行为人实际持有物品的数量未达到较大程度，且现有证据也不足以证明行为人主观上有持有数量较大物品的故意时，本着主客观相一致的原则，只能认为不构成犯罪。

至于物品的具体特征，如毒品的纯度、假币的仿真程度、枪支的性能等，不需行为人有具体明确的认识。即使行为人对物品的具体特征认识错误，也不影响犯罪故意的成立。因为，首先，持有型犯罪本质上属抽象危险犯。不论行为人客观上持有的物品的性能如何，只要属于《刑法》规制的物品范围，抽象危险就客观存在，并不因行为人主观上对物品具体特征认识的错误而发生变化。其次，物品的性状等因素都属于犯罪构成要件以外的因素，即使行为人对这些因素认识错误，也不影响犯罪的成立。如果对物品的性状等因素认识上的错误影响犯罪故意的成立，那么，现实中任何一个犯罪分子都可借此为自己辩解，既而构成犯罪未遂，甚至被宣告无罪，从而逃避法律的制裁。

第三章

违法性认识*

---

* 违法性认识也称违法性意识，在德国刑法理论中又称不法意识，为行文方便，本书统称为违法性认识。

根据哲学认识论的观点："社会生活中人们对事物的认识总是具有两个方面的内容：一方面是弄清事物固有的自然属性，从而知道事物本身是什么，其内在的规定性和外在的结构如何；另一方面弄清事物同人类自己的生存和发展的关系，从而知道事物对人们利益的正负或中性的作用。"● 从上述观点可以看出，人们对事物的认识可以分为两个层次：一是对事物外在物理属性的认识，主要是一种事实判断的过程。二是对事物价值属性的认识，主要是外界的价值判断过程。我国《刑法》中犯罪故意的概念是主观心理状态与规范评价的统一，作为一种主观心理状态，犯罪故意要求行为人应对自己的行为、行为对象和行为结果等事实有所认识。但随着心理责任论向规范责任论的过渡，犯罪故意不再仅停留在心理层面上，更多的是在关注行为人是否具有非难可能性，犯罪故意这一心理事实也被赋予了规范评价。违法性认识就是行为人认识到自己行为违反法律，是对行为人事实认识进行规范评价判断的结果。因此，在存在犯罪故意的情况下，行为人不仅具有前文所论及的事实性认识，并且还可能对自己的行为具有社会危害性或行为违反法律有认识。然而，什么是违法性认识或社会危害性认识？怎样看待社会危害性认识和违法性认识的关系？违法性认识是否为故意的构成要素？对于这些问题，学界众说纷纭、莫衷一是。本着解决问题的态度，本书对违法性认识及其相关问题展开讨论。

113

第三章　违法性认识

第一节　对有关国家和地区
违法性认识立法的考察

"从立法史的角度来看，违法性认识存在一个从不要到要的缓慢而又强有力的演进过程，推进这一演进的背后动力是国家与个人关系的变化、责任概念以及归责根据理论的变化，相应地犯罪论体系的变化。"❶古代的法律不以违法性认识为归责要素，关于违法性认识的有关规定最早可以追溯到一句古罗马有名的法律格言"不知法律不免责"，该格言的潜在含义为"在作为主观的犯罪成立要件的犯意中，不要求认识到自己行为的违法性"❷，实际上否认以违法性认识作为责任要素。可以说，古罗马时代对违法性认识的否定并不奇怪，这是与当时的责任观念的发达程度相联系的。事实上，在古罗马时代，刚刚经历了从客观责任向主观责任的转变，因为这时的责任主要是以心理意图为主要内容的，在犯罪的主观意图刚刚被确定为归责要素的情况下，此时要求行为人成立故意需要违法性认识是不可能的，古罗马法对刑事责任的追究不以违法性认识为要件是具有其正当性的，所以"不知法律不免责"这一原则在刑事法律刚刚经历由客观责任向主观责任转变的时期具有其合理性，并对以后的刑事立法产生了深远的影响。现在还有一些国家在理论或司法实践中坚守"不知法律不免责"原则的立场。然而，随着社会生活日益

---

❶ 参见：陈兴良. 违法性认识研究 [J]. 法学研究，2005 (4).

❷ 参见：张明楷. 刑法格言的展开 [M]. 北京：法律出版社，1999：209.

复杂化，坚守不知法律不免责的立场已经明显不能适应社会发展的需要，通过司法判例解释或修改刑法来对不知法律不免责原则予以修正的情况也屡见不鲜。以下就典型的立法例论述之。

一、德国《刑法》中有关违法性认识的规定

德国《刑法》第 17 条规定："（法律上的认识错误）行为人行为时没有认识其违法性，如该错误认识不可避免，则对其行为不负责任。如该错误认识可以避免，则对其行为依第 49 条第 1 款减轻处罚。"这一条文是对违法性认识出现错误时是否可以免责的规定。当错误是可以避免时，减轻行为人的责任；只有当错误的出现是不可避免的时候，行为人则可以不负刑事责任。该条文虽说没对违法性认识是否为故意的构成要素作出正面回答，但其已经动摇了"不知法律不免责"的原则。德国学者耶赛克评论这一规定时指出："不法意识构成责任非难的核心，因为无论是否充分了解面临的法律规范而作出行为决意，其本身便表明欠缺法律心理，正是由于该欠缺才对行为人谴责。法律规范发出的法忠诚呼吁，应当对行为人的意志形成产生直接的作用和影响。有意识反抗法律者，表明一个认真的国民背弃对受刑法保护的法益的尊重要求。但是，即使行为人欠缺完全的责任非难所必要的不法意识，换句话说，即使存在禁止错误，也同样能够考虑责任非难，当其错误是可以避免的便属于该种情形。"❶ 从以上论述可知，德国《刑法》第 17 条虽然是从故意的反面

---

❶ 参见：汉斯·海因里希·耶塞克，托马斯·魏根特. 德国刑法教科书（总论）[M]. 徐久生，译. 北京：中国法制出版社，2001：538.

即违法性认识错误方面加以规定的，但该条其实已经开始承认犯罪故意的成立需要对违法性有认识，对行为人的责任非难应当考虑违法性认识。

二、日本《刑法》中有关违法性认识的规定

日本《刑法》第 38 条第 3 款规定："不得因不知法律而认为没有犯罪的故意，但根据情节可以减轻刑罚。"该条仍坚持"不知法律不免责"的立场，认为违法性认识不是故意的构成要素，对法律的无知不能成为规避惩罚的借口，只是将不知法律作为减轻处罚的情节。因此，至少从法条的表面规定来看，日本《刑法》采用的是违法性认识不要说，并且，这种看法也在日本司法判例中得到了印证。例如，1951 年 11 月 15 日，日本最高裁判所判决认为："为了认为存在犯意，只要认识符合犯罪构成要件的具体事实就够了，不需要认识其行为的违法"。❶ 但日本现行理论却认为故意的成立需要具有违法性认识，日本著名刑法学者大冢仁曾指出："作为责任故意的要件，不需要违法性意识，这是过去有力的见解，但是，今日的学说几乎不采用它。"❷ 变化最明显的还是在立法领域，例如，日本在 1974 年的《改正刑法草案》第 21 条规定："虽不知法律，也不得认为无故意，但根据情节可以减轻其刑。不知自己的行为为法律所不允许而犯者，就其事有相当的理由时，不罚。"因此，随着不知法律

---

❶ 转引自：大冢仁. 刑法概说（总论）[M]. 3 版. 冯军，译. 北京：中国人民大学出版社，2003：391.

❷ 参见：大冢仁. 刑法概说（总论）[M]. 3 版. 冯军，译. 北京：中国人民大学出版社，2003：391.

不免责立场的动摇，日本学界对故意的成立不需要对违法性有认识的态度也日趋软化。

三、意大利《刑法》中有关违法性认识的规定

意大利《刑法》第5条规定："不得因不知法律而免除刑事责任。"然而，意大利宪法法院后来却通过1988年364号判决宣布这一条文部分违宪。该判决认为："在行为人尽最大努力仍不可能得到对法律规定的正确理解的情况下，行为人不知道法律的具体规定，也可以作为排除犯罪的理由。"❶ 由于只是被宣布部分违宪，意大利《刑法》第5条在通常情况下还是具有法律效力，只有在行为人穷尽努力确实不知相关法律的存在时才排斥第5条的适用。意大利学者曾对该判决予以评论："该判决的内容在实践上结束了是否应将危害作为故意认识对象的讨论，行为的客观违法性应该是故意的认识对象之一，因为它是使典型事实成为犯罪的法定条件。"❷ 尽管意大利宪法法院判决第5条部分无效，而且也只是在不具有知法的可能性的情况下才不得适用刑法第5条，但意大利学界却开始展现肯定违法性认识的趋势。因此，意大利刑法理论虽然通常认为故意的认识内容不包含违法性认识，但至少看似铁板一块的通说已经出现裂缝，在例外情况下行为人应认识到行为的违法性这一观点开始得到认同。

---

❶ 参见：陈忠林. 意大利刑法纲要 [M]. 北京：中国人民大学出版社，1999：121.
❷ 参见：杜里奥·帕多瓦尼. 意大利刑法学原理（注评版）[M]. 陈忠林，译. 北京：中国人民大学出版社，2004：187.

四、俄罗斯《刑法》中有关违法性认识的规定

俄罗斯《刑法》是对苏联《刑法》的传承和延续，其对罪过（故意与过失）的规定具有其特殊性，即在故意、过失的概念里包含了对社会危害性的认识。俄罗斯联邦《刑法典》第 25 条的规定："（一）具有直接或间接故意而实施的行为被认为是故意实施的犯罪。（二）如果犯罪人意识到自己行为（不作为）的社会危害性，预见到可能或必然发生危害社会的后果并希望这种后果发生，则犯罪被认为是具有直接故意实施的犯罪。（三）如果犯罪人意识到自己行为（不作为）的社会危害性，预见到可能发生危害社会的后果，虽不希望，但却有意识地放任这种后果发生或对这种后果采取漠不关心的态度，则犯罪被认为是具有间接故意实施的犯罪。"可见与苏联《刑法》具有亲缘性的俄罗斯《刑法》明确主张社会危害性认识是犯罪故意的认识内容。至于如何看待社会危害性认识与违法性认识的关系问题，俄罗斯学者认为："不能把认识行为的社会危害性同认识它的违法性混为一谈。违法性是社会危害性的法律术语。一切违法行为都具有社会危害性，但危害社会的行为并不都是具有违法性的。认识违法性对于认定行为是否有直接故意并无意义，因为法律并没有把违法性包括在故意的定义中"。❶ 然而，这种观点按照俄罗斯刑法理论并不能自圆其说。因为根据俄罗斯刑法理论，社会危害性被认为是犯罪的本质属性，而违法性则是对社会危害性的法律

---

❶ 斯库拉托夫，列别捷夫. 俄罗斯联邦刑法典释义（上册）[M]. 黄道秀，译. 北京：中国政法大学出版社，2000：58.

表现形式，具有违法性的行为当然具有社会危害性，但具有社会危害性的行为则不一定被认为具有违法性。照此理论的逻辑演绎，对行为的社会危害性有认识并不意味着认识到违法性，而行为人在认识到行为违法性的同时一定能认识到社会危害性。此时，违法性认识与社会危害性认识应具有一致性。上述违法性认识与社会危害性认识截然两分的观点显然出现了逻辑上的矛盾。因此，俄罗斯刑法理论并没有科学地解决行为人的违法性认识问题。

五、我国台湾地区"刑法"中有关违法性认识的规定

我国台湾地区旧"刑法"第16条规定："不得因不知'法律'而免除刑事责任，但按其情节得减轻其刑。如自信其行为为'法律'所许可而有正当理由者，得免除其刑。"此条文基于"不知法律不免责"的原则规定，认为违法性认识不是故意的构成要素，亦与犯罪的成立无关。但学界对这一规定颇有微词，认为该规定与现行规范责任论的主张相背离，并且有违反责任主义之嫌。因为这一规定不论欠缺违法性认识的原因是否可以避免，原则上都认为行为人构成犯罪，只是按其情节可以减轻或免除其刑而已。

有鉴于此，台湾地区现行"刑法"对第16条予以修正，将其内容修改为："除有正当理由而无法避免者外，不得因不知'法律'而免除刑事责任。但按其情节，得减轻其刑"。修正后的条文规定，对于行为人有正当理由属于无法避免的原因而欠缺违法性认识时，阻却犯罪成立，行为人不负刑事责任。但欠缺违法性认识非属于不可避免的情况下，犯罪依然成立，只是视其情节减轻其刑而已。这

一规定符合台湾地区通行的责任说理论，得到了大多数学者的赞同。但也有学者认为该条文中存在"不知法律"无法精确掌握欠缺违法性认识的内涵，"正当理由"是无意义的赘文等美中不足之处。❶

六、我国刑法中有关违法性认识的规定

与俄罗斯《刑法》规定相类似，我国《刑法》第14条第1款规定："明知自己的行为会发生危害社会的结果，并且希望或者放任这种结果发生，因而构成犯罪的，是故意犯罪。"这一规定同样主张故意的认识因素应包括对社会危害性的认识，至于违法性认识是否为故意的认识内容则一直存在争议。长期以来，违法性认识否定说在我国一直占据通说的地位。例如，我国学者认为："犯罪的故意，只要求行为人对自己行为的社会危害性有认识，并不要求认识自己行为的违法性。因此，在一般情况下，无论行为人是否认识到自己的行为违反法律，都不影响故意犯罪的成立"。❷ 在违法性认识与社会危害性认识的关系方面，我国刑法理论通说认为：《刑法》第14条只是要求行为人对危害结果的发生具有明知，并未要求对行为的违法性具有明知。对于在现实生活中存在很大争议的"大义灭亲"的案件，即使行为人认为自己是在替天行道，其行为并不违反法律，但法律只要求行为人对构成要件事实具有明知即可，至于其行为是否违反法律则在所不问，此结论主要是建立在一个理论前提之上，即违法性与社会危害性是互为表象与实质的关系，倘若行为人能够

---

❶ 林山田. 刑法通论（上册）（增订十版）[M]. 北京：北京大学出版社，2011：287.
❷ 参见：何秉松. 犯罪构成系统论 [M]. 北京：中国法制出版社，1995：196.

认识到行为的社会危害性，那么自然也能对行为被法律所禁止具有认识。不认为违法性认识是故意的构成要素，这样做便有利于防止行为人借口不知法律而逃脱刑法的处罚。"但是不排除在一些特殊情形下，某些行为原本不被法律所禁止，当此行为一旦被规定为犯罪，行为人由于对此行为的违法性根本没有认识继而影响到对行为的社会危害性的认识时，就不具有犯罪故意。"❶ 可以看出这一理论也存在像俄罗斯刑法理论中的矛盾之处。首先，在社会危害性认识与违法性认识截然两分的情况下，为什么还认为在对社会危害性有认识时就等于对违法性有认识。其次，既然认为故意的认识内容不包括违法性认识，那么又怎样解释行为人在对违法性确实没有认识的情况下又能否认犯罪故意的成立呢。这些都是有待理论加以解决的问题。目前，随着德国、日本刑法理论体系和话语的引入，开始有更多的学者主张故意的认识内容应包括违法性认识。

从上述法律规定可以看出，作为对犯罪事实之认识的故意，其中包含对各个构成要件要素的含义的认识，一个事实之中附着有无数的含义，其中作为各个构成要件要素的含义而构成故意之内容的，就是能成为之所以要求具备该要素之根据的属性，尤其是按照法益侵害说，就应是为法益侵害性奠定基础的属性。有关这种个别的构成要件要素，对刑法所着眼的属性缺少认识的，就作为事实的错误阻却故意。虽对这种属性存在认识，但对被刑法赋予了可罚的违法性这一点不存在认识的，就作为违法性错误。违法性错误与违法性认识是从不同角度来观察一个问题的两个方面，申言之，行为人虽

---

❶ 参见：高铭暄. 中国刑法学 [M]. 北京：中国人民大学出版社，1989：127.

然对犯罪构成要件事实存在正确的认识，但对该事实的法律评价存在误解，误以为自己的行为是合法行为而实施了该行为，理论上将这种情况称之为违法性错误。总的来说，违法性认识或违法性错误可以分为两种类型：一是不知道法律之存在的"不知法律"；二是错误的解释法律，以为该法律不适用于自己的行为的"适用错误"。这两种类型都涉及违法性认识问题，对于法定犯，存在犯罪事实的认识基本上就认为存在违法性认识，但对于包含行政取缔法规的行政犯，以及不明确的刑罚法规，有关事实的认识与法规范的认识（违法性认识）实际上是相互交错在一起，这时就很容易出现违法性认识错误。在当前"风险社会"的背景下，增设了不少将原本远离法益侵害的行为予以犯罪化的法律和条例，出现违法性错误的范围也有所扩大。而且随着国际化的进程，具有不同法律文化背景的外国人陷入违法性错误的概率也有所增加。

第二节　违法性认识的内涵

所谓违法性认识，顾名思义，就是指行为人对其行为违反法律规范认知。然而，仅从文义上理解并不能准确揭示违法性认识的内涵。当前学界关于违法性认识的相关争论很大程度上缘于对其内涵的看法存在分歧。例如，有的人认为违法性认识是意识到行为的有害性，有的人却认为应是认识到行为的不法性或是可罚性，众说纷纭、莫衷一是。违法性认识的内涵作为研究违法性认识理论的前提，是一个无法回避的问题，所以颇值得研究。

一、大陆法系国家有关违法性认识内涵的观点

大陆法系学者对违法性认识有较深的研究，关于违法性认识的内涵，归纳起来，主要有以下几点。

（一）违反前法律规范的认识说

此说认为违法性认识就是指对行为违反法律规范之前的道德伦理规则的认识。首创这种观点的是德国著名学者迈耶和李斯特，李斯特提出形式违法性与实质违法性的概念，其中，形式违法性是指行为违反法律禁止或命令规范，实质违法性是指行为对法益的侵犯或威胁。迈耶提出文化规范说，更在此理论基础上将法律理解为道德、宗教、伦理规范，违法性认识就是意识到行为对上述规范实质的违反。❶ 这种见解在日本理论界也备受推崇，学者们将前法律规范通常理解为："反国民道义性""行为不纯洁性""行为反条理性""行为反人伦性"等。❷ 基于这种观点，那么所谓违法性认识就是指对行为"违反国民道义的认识""违反道德人伦的认识""以法规范为基础的国家、社会伦理规范上所不允许的认识"。❸ 例如，日本学者大冢仁教授曾指出："为了能够说明违法性认识的存在，只要行为人心里漠然地表现出自己的行为在成为法规范基础的国家或社会

---

❶ 参见：福田平，大冢仁. 日本刑法总论讲义［M］. 李乔，等，译. 沈阳：辽宁人民出版社，1986：99.

❷ 参见：刘明祥. 刑法中的错误论［M］. 北京：中国检察出版社，1999：211.

❸ 山中敬一. 刑法总论［M］. 东京：成文堂，2000：620.

的伦理规范上是不允许的就够了。当然不需要正确的知道禁止的法令和其条章，也不需要表象自己的行为确实是不被允许的"。❶

毋庸讳言，违反前法律意识说突破实定法的束缚，将违法性认识的内涵扩展至实定法之上的自然法规范，避免将违法性认识限定在一个狭小的范围之内，对实践中发生的行为人以不具有违法性认识为借口逃脱法律制裁的情形起到了很好的制止作用。但事物都具有两面性，违反前法律意识说的上述优势隐藏着致命的缺陷，屡次成为学者诟病的对象。"如果把违法性意识的内容解释得过宽，就会使违法性意识失去其规范评价和反映行为人主观恶性程度的意义"。❷ 此说将前法律规范界定为"反国民道义性""行为不纯洁性""行为反条理性""行为反人伦性"等，过于原则抽象，缺乏实质内容。并且其将违法性认识的内涵等同于对行为反伦理、反道德的认识更是备受争议。例如，在日本曾经有过这样一个判例：在关东大地震时，行为人违反《暴利取缔令》，以高于市价二倍的价格出售石油罐，不过当时由于地震引发交通中断，行为人无法知道三天前刚颁布的该敕令。对此，日本大法院认为，虽然被告人不知道该敕令的发布，但因行为人是出于牟取暴利的目的，不能说明行为人对自己的行为无违法性认识，对违反法令的认识如何，并不能对犯罪的成立造成影响（大判大正十三年八月五日刑集 5 卷 611 页）。❸ 违反前法律意识说从法律之前生成的"反伦理性"或"反社会性"的意识中寻

---

❶ 大冢仁. 刑法概说（总论）[M]. 3 版. 冯军，译. 北京：中国人民大学出版社，2003：393.

❷ 刘明祥. 错误论 [M]. 北京，东京：法律出版社，日本成文堂，1996：148.

❸ 松原芳博. 刑法总论重要问题 [M]. 王昭武，译. 北京：中国政法大学出版社，2014：198.

求违法性认识的内容，如果行为人认为自己的行为是在做亏心事，即可以认定该行为人具有违法性认识，在上述判例中，日本大审院即采用此学说，主张只要对"牟取暴利"存在认识，势必就能肯定行为人具有违法性认识。但是，这种本应该区别于法律的伦理引起的动机所形成的可能性，尚不足以为法的非难奠定基础。现行刑法理论普遍认为法律与道德应该严格加以区分，犯罪是违反法律而非违反道德伦理的行为。当今社会正处于一个价值多元的时代，因为违反道德伦理仅是实质违法性的一种表现，单以伦理道德为标准并不适当，不能将行为违法与行为反道德等同视之，更不能因为行为人对行为具有反伦理道德性认识，就认为其具有违法性认识。另外应严格区分法律责任和道德责任，即使是行为人对违反道德伦理具有认识，也不能将其当作对行为人进行非难谴责的前提和基础。

（二）一般的违法性认识说

此说将违法性认识理解为认识到自己的行为被法律所禁止。这里的法律指的是实定法，即包括刑法在内的所有法律。该说是从广义的法律规范体系的角度来理解法的内涵。"之所以存在违法性认识就值得（对行为人）进行强烈非难，是因为（行为人）在直面法规范的命令、禁止时仍然决意实施违法行为。因此，认为需要行为人认识到自己的行为在法律上不被允许的解释是妥当的。"❶ 根据赞成此说学者的论述，行为人具有违法性认识并不一定非要认识到自己的行为违反刑法或被刑法所禁止，但必须认识到行为被包括刑法在

---

❶ 川端博. 刑法总论（第2版）［M］. 东京：成文堂，2006：424.

内的所有实定法律规范所禁止。一般的违法性认识说在大陆法系理论中备受推崇，已成为现行通说。例如，日本学者大谷实教授曾认为："为认定故意责任，必须要求行为人认识到自己的行为是法律上所不允许的，即对违法性有认识……而主张违法性认识是反常识性之类的前法规范违反意识的见解则是不妥当的……行为人只要具有为法律所不认可的意识就够了，不要求其具有会受到刑法处罚的可罚的违反刑法的意识。但是，仅有在实施违法行为这样的意识还不够，必须意识到该行为是法律所不许可的"。❶ 山中敬一教授就这一问题也发表过类似的看法："所谓违法性认识，说到底，就是意识到自己的行为属于违反成文法上的禁止或者命令，而被法秩序所否定评价的行为"。❷ 德国学者魏根特、耶塞克也持相同见解："不法意识的对象并非指对违反法律的认识或者对行为可罚性的认识，当然只要行为人知道，自己的行为与社会共同体的要求是相矛盾的，是被法律所禁止的便足矣。"❸ 我国也有部分学者对此观点持支持态度，如姜伟教授认为："违法意识的含义是指违反一切法律规范，即不仅包括刑事规范，也包括其他法律法规，如民事法规，行政法规等等"。❹

　　虽然一般的违法性认识说能对具有违法性认识的行为人应受非难谴责的理由作出恰当的解释：即行为人在已经知晓法规范的命令或禁止的前提下，却依然决意实施违法行为。因为此时违法性认识

---

❶ 大谷实. 刑法总论［M］. 黎宏，译. 北京：法律出版社，2003：255.
❷ 山中敬一. 刑法总论［M］. 东京：成文堂，2000：620.
❸ 耶塞克，魏根特. 德国刑法教科书［M］. 徐久生，译. 北京：中国法制出版社，2001：540.
❹ 姜伟. 罪过形式论［M］. 北京：法律出版社，2008：143.

是以形成抗拒动机为已足，所以，只要具备不被法所允许的意识，即可以进行非难。但刑法所规制的行为是具有构成要件符合性的行为，并且，刑法具有谦抑性的特点，在整个法律体系中居于保障法的地位。因此，刑法不能就单纯违反行政法规或民事法律的行为予以谴责。换句话说，在法律规范存在性质差异时，无论行为人在民法或行政法意义上存在怎样的违法性认识，也不能据此认为行为人已经意识到其行为违反刑法。此时行为是否违反刑法起着举足轻重的作用。

为此，将违法性认识理解为对"整体法秩序的违反"和对"实定法的违反"，认为如果对行为被行政法或者民法所禁止存在意识的可能性，就可以追究行为人的责任。然而，一方面，按照认为违法概念在各个法域各不相同的"违法多元论"的观点，受到民法等禁止的这种认识可能性，并不能成为刑法动机形成可能性的保障，不能为刑法上的非难奠定基础。另一方面，即便是立足于认为违法概念在整个法域都是统一的这种"违法一元论"的观点，作为刑罚之对象的违法，仍必须具备与科处刑罚相适应的质与量。因此，如果不能让行为人"间接体验"法的评价——违法达到了科处该刑罚的程度，就无法让行为人心悦诚服地接受刑罚。民法上的不法行为或者债务的不履行，可以在相当广的范围内成立，如果行为人认为，作为不法行为或者债务的不履行，自己的行为可能属于损害赔偿的对象，但不会成为刑罚的对象，而且，行为人这样理解也并不勉强，处罚这种行为人，只会让其认为自己遭受处罚是一种偶尔的不幸，这样反而会降低刑罚的震慑力。

（三）可罚的违反刑法认识说

这是最近兴起于日本学界的一种学说，立论基础为宫本英修博士提出的可罚的违法性理论。此说认为作为犯罪成立条件的违法性是指可罚的违法性，因此违法性认识也就不能仅指前法律的规范违反的意识或法律上的禁止、命令违反的意识，而必须是指可罚的违法性意识。例如，町野朔教授认为："既然说刑罚威慑具有抑制违法行为的机能，那么对没有也不可能认识到自己行为的可罚性的行为人进行谴责，就是认可和通过刑罚抑制犯罪的刑罚目的无关的刑法上的责任。因此，要求对自己行为的具体的可罚性的认识即可罚的违反刑法的认识"。❶ 需要加以说明的是，这里所说的认识行为的可罚性并不是要求对行为具体违反哪一刑罚法规具有认识，而是需要对行为的刑罚处罚性具有认识。目前，这一学说也日益对日本的刑事司法实践产生影响。

对于可罚的违反刑法认识说，理论界也不乏批评的声音，他们认为违法性认识的内涵包括行为的可罚性是极不明智的。首先，可罚的违法性这一概念本身就值得商榷。因为根据现行理论，违法性作为犯罪论体系的要件之一，从实质上将是指对法律所保护的法益的侵害或威胁，这种违法性毫无疑问达到了科处刑罚的程度。也就是说，具有刑法意义上的违法性，也就具有了科处刑罚的违法性，没有必要再使用可罚的违法性的概念。另外，行为人回避违法行为

---

❶ 参见：町野朔：《论违法性的认识》，载《上智法学论集》第 24 卷第 3 号第 193 页，转引自：黎宏. 论违法性认识的内容及其认定［M］//陈忠林. 违法性认识. 北京：北京大学出版社，2006：392.

的动机不只有刑罚一种，刑罚法规具有可预测性，行为人能根据其对构成要件和法律效果的规定有效地预见自己行为的性质和法律后果。只要行为人认识到自己的行为对刑法保护的法益构成侵害，就应该按照刑法规范的要求形成反对的意思动机，这也是刑罚能对行为人进行谴责的原因。所以，反对实行行为的意思动机与对行为可罚性的认识并无直接的关联。正如日本学者大谷实教授所言："违法性认识，因为是只要能够使人形成反对动机就够了，所以，行为人只要具有为法律所不许可的意识就够了，不要求其具有会受到刑法处罚的可罚的违反刑法意识"。❶ 最后，如果要求违法性认识必须意识到行为的可罚性的话，就势必会极大地缩小犯罪故意的范围，不利于有效地打击犯罪、保护法益。

二、我国刑法理论对违法性认识内涵的看法*

（一）违反道德规范说

违反道德规范说认为，违法性认识是指行为人对行为违反作为法律规范基础的道德规范具有认识。例如，有学者认为："犯罪故意中的明知，包括行为人对自己行为是否违法的认识……不过，这种认识，只要求主体意识到行为是不道德的或不合法的就够了"。❷ 当然，违反道德规范说因有难以克服的理论缺陷，现在已经鲜有学者主张。

---

❶ 参见：大谷实. 刑法总论［M］. 黎宏，译. 北京：法律出版社，2003：255.
* 李永升，王博. 论犯罪故意中的违法性认识［J］. 河北法学，2005（1）.
❷ 高铭暄. 新中国刑法学研究综述［M］. 郑州：河南人民出版社，1986：244.

（二）违反法律规范或法律秩序说

该说在对道德规范与法律规范加以区分的前提下，主张违法性认识是指对行为违反法律规范或法律秩序具有认识，而非对违反伦理道德规范的认识。此说脱胎于一般的违法认识说，与其主张几乎一脉相承。例如，我国台湾地区学者林山田曾指出："不法意识之内涵，并非对其行为触犯特定刑法条款有所认识，亦非对于行为之可罚性的认识，而是行为人了解其行为有违法规之禁止或诫命。因此，行为人只要知道其行为系违背法律规范而与社会共同生活秩序之要求相对立者，即具有不法意识。至于行为人只有伦理违反之意识，则尚不能认定已有不法意识"。❶ 刘明祥教授也曾指出："在我们看来，把违法性认识解释为违反法律规范或法律秩序说的意识是较为合适的。"❷

（三）刑事违法性说

该说以区分违法行为的违法性与犯罪行为的违法性为前提，主张刑法意义上的违法性认识应以行为人意识到行为违反刑事法规为准。与违反法律规范或法律秩序说将法律理解为整体法规范不同，刑事违法说以"违法相对论"为基础，将违法限定为刑法上的违法，而不是指对整体法秩序的违反。我国支持此说的具有代表性的学者当属陈兴良教授。他曾在自己的著作中明确主张："违法性认识的范

---

❶ 林山田. 刑法通论（上册）[M]. 北京：北京大学出版社，2011：479.
❷ 刘明祥. 刑法中的错误论 [M]. 北京：中国检察出版社，2004：244.

围，我认为应当采取刑事违法性说。"❶

无独有偶，这一学说同样也在学界引起了广泛的争议，争论的焦点主要在于这一学说的可行性与现实性。反对者的意见是，刑事违法性说在当前中国的刑事司法实践中不具备可操作性。因为如果将违法性认识的范围确定为违反具体刑事法规，必然会出现实践中对行为人是否具有违法性认识难以证明的局面。在国民法律素质较低的中国，刑事违法说缺乏能够适用的社会环境与法制氛围。再者，要求行为人对刑事违法性具有认识是对其提出的过分要求，对于刑事违法性的认识，就连一般的专业人士也难做到，何况是普通的社会大众。例如，对有着极大社会影响的"足球黑哨案"的刑法适用问题的争论，专家学者们至少有两种以上的观点，对普通民众来说更加难以认识。❷ 行为人只要认识到行为的社会危害性仍然实施，就足以说明行为人具有较高的主观恶性，并且，现行理论通说正是基于这一理由反对将违法性认识是故意的认识内容。

三、本书的观点

对于上述违法性认识的内涵的各种学说，本书认为刑事违法性说具有合理性。违法性认识应是指行为人对自己的行为违反刑法规范的认识，而非要求行为人确切知道自己的行为符合刑法哪一个具

---

❶ 陈兴良. 陈兴良刑法学教科书［M］. 北京：中国政法大学出版社，2003：83 - 84.
❷ 最高人民法院刑事审判第一庭. 刑事审判要览［M］. 北京：人民法院出版社，2003：191 - 195. 对于这一案件，王作富、高铭暄、赵秉志教授认为在现行法律下难以找到法律根据，谢望原教授认为应构成受贿罪，韩玉胜教授认为应以公司、企业人员受贿罪论处。

体的条文。具体理由如下。

首先，对于反对论者提出的刑事违法性说难以证明的问题，笔者实在难以认同。不可否认，要证明行为人是否认识到行为的刑事违法性的确困难，但难以证明并不意味着不能证明，我们可以通过研究合理的证明方法来解决证明困难的问题。正如陈兴良教授所言："违法性认识的证明是一个存在论的问题，而在法治欠发达法盲较多的情况下能否要求违法性认识则是一个价值论的问题。"❶ 现在理论上通用的证明违法性认识的方法就是推定。推定作为一种证明方法，以往常被用于对行为人主观心态的证明。推定方法也可以证明违法性认识。众所周知，大陆法系递进式犯罪论体系由构成要件符合性、违法性、有责性三部分组成，构成要件作为违法类型，符合构成要件的行为通常被推定为具有违法性。因此，行为人在认识到自己的行为符合构成要件时，在客观上推定违法性的同时，主观上也能推定行为人具有违法性认识。当然，这一推定属于可以反驳的推定，控方可以就此问题提出反证。在违法性认识不能得到证明时就阻却故意责任，这一点也为我国理论通说所支持。如现行通说认为："在某一行为一向不为法律所禁止，但因为某种特殊情况或特定时期为刑法所禁止，如果行为人确实不知行为已被法律所禁止，就不能认为其在实施行为时具有违法性认识，不能追究行为人故意犯罪的责任。"❷ 至于由为我国整体法治环境有欠发达，公民对法律的认同度低，所以不能采取刑事违法性说的观点，则令人难以理解。深受儒家传统文化浸染的我国有着"禁止不教而诛"的古训，公民对法律

---

❶ 陈兴良. 违法性认识研究［J］. 中国法学，2005（4）.

❷ 高铭暄，马克昌. 刑法学（上编）［M］. 北京：中国法制出版社，1999：205.

的不知应由国家承担责任。这里主要涉及对因不知或误解法律的公民是持一种严格的立场还是一种宽恕的态度的价值选择问题。本书认为国家应避免不教而诛，切实贯彻落实普法宣讲工作，不应将国家承担的责任转嫁到社会公民身上。

其次，结合我国《刑法》的特殊规定，刑事违法性说也有其合理之处。与德国、日本立法定性、司法定量的模式不同，我国《刑法》关于犯罪的成立条件附加规定了一些定量要素，将一些情节显著轻微的行为排除在犯罪之外。例如，盗窃、抢夺行为成立犯罪需要达到一定数额，故意伤害行为成立犯罪需要达到轻伤程度。而在德国、日本刑法中，盗窃没有数额限制，只要是盗窃行为原则上就构成犯罪。伤害行为就算没达到轻伤程度也可能构成暴行罪。由于立法模式和犯罪成立条件的不同，在德国、日本刑法理论中，原则上行为人有违反整体法规范的意识也就意识到了自己的行为可能违反刑法，但在我国违法、犯罪区分明显的二元体制下就不能这样理解。在前一段时间热炒的"天价葡萄案"中，行为人根本没有认识到是在盗窃数额较大的财物，不能认为行为人客观上盗窃了数额较大的财物，就认为其具有盗窃数额较大财物的故意。行为人尽管对其行为的社会危害性有认识，但这只是对行为一般违法具有认识，所以其行为并不构成盗窃罪。

最后，将违法性认识定义为对行为违反刑法规范的认识，不会成为行为人逃避处罚的借口。违法性认识虽说是一种可能性判断，必须以行为人自身的认识为准。但是，同对过失犯中行为人的预见能力判断一样，"行为人对事实性质是不是有认识，则必须从一般人的立场来加以判断。换句话说，行为人有无刑事违法性的认识，是由司法机关根据行为人所交代的行为当时的具体情况，结合行为人的年龄、经历、经验等客观事实来加以认定的，而不是完全听由行为人自己的陈述"。❶ 从这点来看，采用违法性认识说反而更能有效避免行为人借口不知法律逃脱刑法制裁。如对实践中发生的备受争议的"大义灭亲"的案件和有宗教、政治色彩的"确信犯"而言，通过刑事违法性说就可以很好地解决其处罚问题。因为在上述案件中，行为人可以说很难意识到自己的行为具有社会危害性，其在精神和道义上都认为自己是在"替天行道"或"追求真理"。但是，他们却很难否认其对行为违反刑事法规有认识。因此，行为人道义与心理上的确信并不妨碍其具有犯罪故意。

第三节　违法性认识与犯罪故意的关系

犯罪故意除了是行为人的一种主观心理状态外，是否还包括规范的评价要素。刑法上应如何看待违法性认识，违法性认识是否应是犯罪故意的认识内容？对这些问题的研究有着重大的理论和实践价值。由于对违法性认识与犯罪故意的关系问题缺乏明确的立法依据，长期以来，学者们对上述问题各抒己见，争论不休。

一、国外的主要学说及其评析

从上述对违法性认识的立法考察可以看出，大陆法系各国对违

---

❶ 黎宏. 论违法性认识的内容及其认定［M］//陈忠林. 违法性认识，北京：北京大学出版社，2006：396.

法性认识问题在立法上主要是从"不知法律不免责"原则和违法性认识错误是否免除责任的角度来规定的。与立法上的逻辑和思路不同，理论上却是针对违法性认识是否为犯罪故意的成立所必需加以讨论和展开的。由此形成了违法性认识必要说与违法性认识不要说两大阵营。另外，在两大阵营相互对抗、妥协、合流的过程中，也出现了一些修正或折中的观点。下文将对这些有代表性的观点予以介绍。

（一）违法性认识不要说

违法性认识不要说主张违法性认识不是故意的成立要件，行为人只要对犯罪构成事实具有认识就可追究其故意犯罪的责任。根据我国学者的观点："违法性认识不要说是主观主义的刑法理论从社会的责任论的立场出发提出来的。"❶ 社会责任论鼓吹决定论，认为犯罪行为由个人素质和社会环境决定，不是所谓行为人自由意志的结果。因此，刑罚并不是对行为人进行道义谴责的结果，而是社会出于保护自身的需要对具有人身危险性的行为人采取的社会防卫措施。所以，只要行为人具有人身危险性就应承担社会防卫责任，至于有无违法性认识就无关紧要了。

违法性认识不要说所主张的理论依据主要有：第一，应坚守"不知法律不免责"的传统，公民应负知悉或了解法律的义务。第二，行为人在对构成要件事实具有认识的情况下，就应产生抑制或

---

❶ 马克昌. 犯罪通论（根据 1997 年刑法修订）[M]. 3 版. 武汉：武汉大学出版社，1999：334.

反对实施行为的动机或情感，所以能就这点对行为人进行非难或谴责。第三，只要行为人是具有刑事责任能力的人，就应具备应有的法律判断能力，就应具备能够认识到行为违法性的能力。所以，没有再单独讨论违法性认识的必要。❶

　　针对上述支持违法性认识说的论据，反对者提出了相应的批评意见：第一，传统法律原则的发展必须符合当前社会实际，"不知法律不免责"的原则与现在责任主义刑法思想背道而驰，处罚因明显不知或误解法律的行为人是国家刑罚过于苛刻的表现，这种国家权威主义法律观已经不适应现代自由主义、民主主义思潮。第二，现行的责任理论已由原来的单纯的心理责任论向规范责任论转变，因行为人对构成要件事实的认识就追究其责任是以往心理责任论的观点。但不可否认的是，行为人在对构成要件事实具有认识时，例外地存在行为人对违法性没有认识的情形，此时行为人就难以作出适法行为的决定，如果此时将其作为故意犯予以处罚，就不符合规范责任论的理论本旨。第三，责任能力问题与违法性认识并不能完全等同，具有责任能力的人也可能因种种原因没有认识到行为的违法性。❷ 受命的责任与法的效力是两个不同的问题，对违法性的错误予以免责，会损害刑法的规制机能，进而造成法秩序的弛缓，另外，刑法的命令机能终究需要通过作用于受命者的意思而实现，对于无法作出遵守刑法的意思决定者追究其责任，这无疑是放弃刑法与受命者之间的意思沟通，从大局来看，反而会弱化通过意思决定规范而实现的刑法的规范约束力。

---

❶ 于洪伟. 违法性认识理论研究 [M]. 北京：中国人民公安大学出版社，2007：136.
❷ 陈家林. 外国刑法通论 [M]. 北京：中国人民公安大学出版社，2012：387.

（二）违法性认识必要说（严格故意说）

与"违法性认识不要说"相反，学界有力的观点认为，作为故意的内容，以违法性的认识为必要，不管出于什么样的理由，违法性错误均阻却故意责任。此说站在规范责任论的立场，认为违法性认识为犯罪故意的构成要素。故意的成立以违法性认识的现实存在为必要。该说主张故意的主观恶性之所以重于过失，是因为行为人认识到其行为是法所不允许的，因而得以形成抑制行为的抗拒动机，而其却突破此抗拒动机决意实施违法行为的反规范意思或心理态度。另外，"违法性认识是成立故意的不可缺少的本质要素，是故意与过失的分水岭"。**❶** 因此，在行为人欠缺违法性认识时，纵使不能成立故意犯，也有成立过失犯的可能。

违法性认识必要说认为，违法性认识才是故意责任的本质要素，对犯罪事实的认识不过是其前提。但是，这是以规范本身作为保护对象，在针对有意识的反抗规范的意思进行责任非难这一点上属于权威主义。在认为刑法的目的在于保护法益的学者看来，对包含法益的侵害或者危险的犯罪事实的认识，才是故意责任的事实性基础。所谓故意，是为了将包含法益的侵害或者危险的犯罪事实作为行为人意思的产物而归属于行为人的一种心理状态，以针对犯罪事实的现实认识为内容。违法性认识——通过故意而认识到的事实为刑法规范所否定——是行为人所间接体验到的东西，具有保障刑法的动机形成可能性的机能。按照这种保障动机形成的可能性的机能，违

---

❶ 张明楷. 刑法格言的展开［M］. 北京：法律出版社，2003：207.

137

第三章　违法性认识

法性的认识就并不必然要求是现实的意识，只要具有该可能性即可。这是因为既然已经实施了犯罪，刑法规范的动机形成机能（即让行为人形成反对动机的机能）就已经归于失败，在探讨行为人的责任问题之时，其问题就不在于是否实际形成了反对动机（现实的动机形成），而完全在于其可能性。

学界对违法性认识必要说主要存在以下批判意见：第一，对常习犯来说，其因为规范意识薄弱，从而无法由规范意识而产生对违法行为的抵抗感。如果严格遵循违法性认识必要说的观点，那么这些人由于缺乏违法性认识或违法性认识的程度较弱，就应当不负责任或适当减轻其责任。但这样就根本无法说明常习犯在实践中为什么会被加重处罚。第二，激情犯在行为时并未自觉意识到其行为被禁止，因而并不存在压制自己的违法性认识而实施行为的状况，所以激情犯在行为时并未意识到自己的行为违法。如根据违法性认识必要说激情犯不应被罚。另外，对于基于宗教、政治确信实施犯罪的确信犯，很难想象此时行为人能认识到自己的行为违法，所以也难以用违法性认识说解释确信犯的可罚性。第三，为适应现代社会的发展，各国刑法典充斥着大量的所谓"行政犯"的规定，由于不少行政犯并不处罚过失，假若要求行政犯须认识到行为的违法性的话，多数行政犯将不具备处罚性，这样设立行政犯的目的就不能实现。第四，违法性认识必要说还存在证明违法性认识有难度的问题。❶

对于上述批评意见，违法性认识必要说的论者也作出了回应：首先，所谓"激情犯""常习犯""确信犯"通常都存在潜在的违法

---

❶ 陈家林. 外国刑法通论［M］. 北京：中国人民公安大学出版社，2012：389.

性认识，至少在某种程度上，其在行为前已经意识到了自己的行为的违法性。其次，行为人在对犯罪构成事实具有认识的情况下，已经事实上推定其具有违法性认识，因此除非被告人提出存在具有正当理由的特殊情形，否则就应该对违法性认识持肯定态度。

（三）限制故意说

限制故意说又称违法性认识可能说，此说认为故意的成立不以现实的违法性认识为必要，但须具有违法性认识的可能性。限制故意说内部又存在两种不同的见解："第一种见解认为，在缺乏违法性认识上行为人存在过失时，与故意同样对待。第二种见解站在人格责任论的立场上认为，即使行为人不具有违法性意识，只要按照至此的人格形成承认其存在违法性意识的可能性，就可以从中看出行为人直接的反规范的人格态度，可以承认故意。"❶ 第一种观点又称"法律过失说"或"违法性过失说"。法律过失是指行为人应当认识到自己的行为的违法性，但因未尽适当的注意义务而没有认识到的情形。该说认为故意的成立原则上以认识违法性为必要，但当行为人因为自身过失而欠缺违法性认识时，应作出与故意犯同样的处罚。可以看出，该观点是在对违法性认识必要说作出适当修正后演变而来的，违法性过失不同于事实的过失，违法性过失是在对事实有认识的前提下，因过失对行为的违法性没有认识。本质上可以将该观点概括为一句话，那就是违法性过失或法律过失本质上属于过失的

❶ 大冢仁. 刑法概说（总论）［M］. 3 版. 冯军，译. 北京：中国人民大学出版社，2003：391.

139

第三章 违法性认识

范畴，但在处理上同故意犯同等看待。对此说主要的批评意见在于：故意与过失是一对相互排斥的概念，将其作同等处理存在伦理上的矛盾。另外对为什么仅对这种情况下的过失与故意犯同等处罚，此说并没有作出积极的说明。第二种观点以人格责任论为基础，此观点认为："故意的本质不在于意识到规范并意欲违反其意思，而在于人格态度的直接反规范性"。❶ 即行为人只要认识到犯罪事实，就会产生违法性意识，其结果就会形成反对动机而具有实施合法行为的可能性。行为人在这种情况下仍然实施违法行为，那么就可以对其进行故意的责任非难。但坦率地讲，像人格态度之类的概念本来就令人难以捉摸，它只是行为人的人身危险性的主观表征，难以说明人格态度能影响责任形式。因此，认为有违法性认识可能就有反规范的人格态度，并据此承认行为人具有故意的看法，也是令人费解的。

鉴于严格故意说在实际运用中会出现各种不当，限制故意说提出将作为故意的要件的"违法性认识"缓和至"违法性认识的可能性"，认为仅限于无法避免违法性的错误时，违法性错误才阻却故意。"限制故意说"通过追究针对未能意识到违法性的人格形成上的责任，而为只要具有违法性认识的可能性即可这一点提供根据。但是，除了对作为其前提的人格责任论本身抱有疑问外，限制故意说的问题还在于混入违法性认识的可能性这种过失性契机，会有损于故意概念的统一性。就是从犯罪事实的认识与违法性认识在机能上的差异来看，将两者包摄于故意之内也不妥当。而且违法性认识的可能性作为保障刑法的动机形成的机会的东西，即便是过失犯，也

---

❶ 陈家林. 外国刑法通论 ［M］. 北京：中国人民公安大学出版社，2012：390.

以存在这种可能性为必要，而按照限制故意说，在不存在违法性认识的可能性质时不过是阻却故意，这样就仍然有可能成立过失犯。

学界对限制故意说也同样存在质疑：首先，该说将可能性这种过失的要素引入故意概念之中，将可能导致故意和过失的界限不明；其次，对为什么在欠缺违法性认识的场合要考虑人格形成责任没有合理的解释。❶

（四）法定犯、自然犯区别说

此学说根据一定的标准将犯罪行为区分为法定犯、自然犯两种形态，并认为"自然犯故意的成立不以违法性认识为要件，而法定犯故意的成立则以违法性认识为必要"。❷ 根据日本学者大冢仁教授的研究，此说是以近代刑事实证学派犯罪征表说为基础所得出的结论。他认为："在自然犯、刑事犯中，如果存在犯罪事实的表象，就当然表明行为人的反社会性格。但是，在法定犯、行政犯中，不知道法律上所禁止的内容的人，就不能承认其反社会性格。"❸ 在此说看来，自然犯是明显违背伦理道德的犯罪，是对已属于反社会行为的刑法确认，因此，只要行为人对构成要件事实具有认识，就已经表现出反社会性格。在某种程度上，自然犯是与生俱来的犯罪，只要行为人对犯罪事实有认识，就能够推定其认识到了违法性。而法定犯的行为本身原本不是犯罪，只是国家出于政策的需要将其设置为犯

❶ 马克昌. 犯罪通论（根据 1997 年刑法修订）[M]. 武汉：武汉大学出版社，1999：336.
❷ 马克昌. 比较刑法原理 [M]. 武汉：武汉大学出版社，2002：278.
❸ 大冢仁. 刑法概说（总论）[M]. 3 版. 冯军，译. 北京：中国人民大学出版社，2003：391.

罪，因此，行为人在认识到犯罪事实之外，还需要认识到行为的违法性，这样才能凸显行为人的反社会的意思。

然而，自然犯与法定犯的区分对于解决法律认识错误虽然具有一定的作用，但这种区别是相对的，对于许多犯罪，根本就无法证实其为自然犯还是法定犯，并且就区分方法来说，理论上也一直存在着很大争议。将违法性认识的问题建立在这种本身就存在疑问的犯罪概念区分之上是极不合适的。再者，自然犯与法定犯同属故意犯罪，为什么在违法性认识问题上要区别对待，该说也未能作出合理的说明，这些都是法定犯、自然犯区别说备受指责的原因。

（五）责任说

责任说的提出与目的行为理论的兴起有着密切的联系。责任说认为故意仅指对犯罪事实的认识，违法性认识的可能性是与故意不同的另一个独立的责任要素。"责任说反对将故意、过失并列起来作为责任的形式，认为故意中的对犯罪事实的认识与过失相并列，属于构成要件与违法性的内容，而违法性认识的可能性与责任能力、期待可能性相并列，属于责任的要素。"❶ 因此，当行为人对构成要件事实有认识而实施违法行为时，其就具有故意，但此故意并非彼故意（责任的故意），行为人只有在对构成要件事实有认识的基础上具有违法性认识可能性后，才能要求行为人承担故意的罪责。反之，当违法性认识出现错误而行为人对此不具有过失时，虽然此时具有故意，但行为人并不承担责任。责任说得到德国《刑法》

---

❶ 张明楷. 刑法格言的展开［M］. 北京：法律出版社，2005：208.

第 17 条的认可，逐渐取得通说地位并获得普遍赞同。

在不具有违法性认识的可能性的场合，行为人就无法间接体验评价规范对自己行为的否定性评价，也不具有形成刑法上的动机的可能性，因而不能被追究刑法上的责任。要想让行为人心悦诚服地接受刑罚，就必须保证行为人自己具有间接体验刑法评价的可能性，因此，违法性认识可能性是故意犯与过失犯的共同责任要素，可以说，行为人的动机形成的可能性，在生物学层面通过责任能力，在附随事项层面通过期待可能性，在法信息层面通过违法性认识可能性而得以保障。

责任说的立论前提就是主张违法性认识可能性乃是故意犯与过失犯共同的责任要素，这样，责任说与限制故意说在处理效果上并无太大的差异，但却避免了限制故意说中故意过失界限不明的缺陷。但是，"限制故意说认为如果缺乏违法性认识的可能性，虽说不成立故意犯，但还有成立过失犯的余地。而责任说则认为违法性认识的可能性是故意犯、过失犯的共通的责任要素，因而一旦欠缺违法性认识的可能就阻却责任。"❶ 对此，大冢仁曾对责任说提出批评："责任说把违法性的意识乃至其可能性直接解释为责任要素，在这一点上尚存有根本的疑问。在这一立场中，一般是想仅仅用事实故意来划定故意的范畴，但是，仅仅从事实的故意的存在中，还不能充分地看出作为故意犯的本质的违反法规范的行为人的积极的人格态度。"❷

---

❶ 大冢仁. 刑法概说（总论）[M]. 3 版. 冯军，译. 北京：中国人民大学出版社，2003：394.

❷ 大冢仁. 刑法概说（总论）[M]. 3 版. 冯军，译. 北京：中国人民大学出版社，2003：394.

二、我国的主要学说及其评析

（一）违法性认识否定说

该说认为故意的认识内容不包括违法性认识，只有社会危害性认识才是故意的认识内容。根据我国学者的研究，违法性认识否定说内部又可分为无限制否定说与限制否定说两种。❶ 无限制否定说认为"社会危害性应当是犯罪故意的内容，那么刑事违法性是否也应当是犯罪故意的内容了……就我国目前法文化水平来看，应当坚持犯罪构成中的故意要素不应当要求行为认识到其行为的刑事违法性。"❷ "只要行为人具有社会危害意识，即使其没有违法意识，也成立犯罪故意。"❸ 限制否定说为我国现行理论通说，该说认为行为的违法性不是故意的认识内容，但在特殊情况下，欠缺违法性认识进而影响到对行为的社会危害性认识时，此时犯罪故意不能成立。这种特殊情况一般是指某种行为一向不为法律所禁止，但却在某个特殊时期不被刑法所允许，此时如果行为人因确实不知刑法而实施这种行为，就不能认为其是故意犯罪。❹

支持违法性认识否定说的理由有多种，如认为我国公民法律认知水平不够，如果主张故意必须认识到行为的违法性的话，由于违

---

❶ 谢望原，钱叶六. 违法性认识与犯罪关系论［M］//陈忠林. 违法性认识，北京：北京大学出版社，2006：310.

❷ 杨金彪. 社会危害性应当是犯罪故意的认识内容［J］. 云南大学学报：法学版，2005（1）.

❸ 姜伟. 罪过形式论［M］. 北京：北京大学出版社，2008：145.

❹ 参见：高铭暄，马克昌. 刑法学［M］. 北京：北京大学出版社，高等教育出版社，2009：111.

法性认识难以证明，会导致放纵犯罪。有责任能力的人通常推定有违法性认识能力，再予以强调实属多此一举等。但其中最有说服力的理由是违法性认识否定说符合我国法律规定，因为根据我国《刑法》第14条的规定：只要行为人明知其行为会发生危害社会的结果（社会危害性），就应认为符合故意的认识条件。

（二）违法性认识肯定说

违法性认识肯定说主张违法性认识为犯罪故意的构成要素，又由于其内部对待社会危害性认识的态度不同，分为以下三种观点：一是认为犯罪故意只需违法性认识而不需要社会危害性认识。例如，"应当要求于行为人的，都是其对违法性的认识，而不是对社会危害性的认识，特别是在社会危害性认识与违法性认识相分离的场合。社会危害性是立法，甚至可以是司法的指导观念，但是，在司法中如果直接根据社会危害性处理案件，则有破坏法治的危险。而司法机关对法治的破坏给社会带来的祸害，远比个别人的行为给社会造成的损害要大得多。"❶ 田宏杰教授更是明确指出应摒弃社会危害性认识，代之以违法性认识。❷ 二是违法性认识与社会危害性认识同时具备说："要成立犯罪故意，行为人不仅应认识行为的社会危害性，同时也应该包括认识行为的违法性"。❸ 三是违法性认识与社会危害性认识一致说，此说认为认识到社会危害性而没有认识到违法性，或者认识到违法性而没有认识到社会危害性，只是一种理论上的设

❶ 参见：冯军. 论违法性认识 [M] //赵秉志. 刑法新探索，北京：群众出版社，1993.
❷ 参见：田宏杰. 违法性认识研究 [M]. 北京：中国政法大学出版社，1998：58.
❸ 参见：刘明祥. 法中的错误论 [M]. 北京：中国检察出版社，2004：197.

想，但在实践中是不可想象的。如陈兴良教授认为："我认为在我国刑法中，应当坚持社会危害性认识与违法性认识相一致的观点。社会危害性认识只不过是我国刑法使用的特定用语，其法理含义应当是指违法性认识。"❶

违法性认识肯定说论者认为，社会危害性是一个具有实质意义的规范评价概念，不同的人对行为的社会危害性有着不同的感知和评价，将社会危害性这个明显带有政治和超规范内容的要素作为故意的认识内容的话，极有可能会出现追诉无辜与认定犯罪故意标准虚化的危险。社会危害性是刑事违法性的实质内容，刑事违法性是社会危害性的法律形式，对社会危害性的认识应以刑事违法性为客观参照标准。因此，以违法性认识作为故意的构成要素符合罪刑法定原则，对实现刑法机能具有重要的意义。

（三）折中说

折中说是在肯定说与否定说的基础上进行融合或折中的结果。该说概括起来主要有以下两种观点：一是违法性认识可能性说，此说认为故意的认识内容应是违法性认识可能性。例如，"如果有充分理由表明行为人虽然认识了行为事实，但确实不知，且根据当时的情况也不可能认识行为是触犯刑法的，就不构成犯罪的故意。如果行为人虽然没有认识到自己的行为是违法的，但根据当时的情况是能够认识的，就不能排除犯罪的故意，至多在量刑时可酌情从轻或减轻处罚。从这个意义上说，违法性认识虽然不是故意的成立要件，

---

❶ 参见：陈兴良. 违法性认识研究 ［J］. 法学研究，2005（4）.

但违法性认识的可能性是故意的成立要件"。❶ 二是择一说，该说认为："犯罪的故意的成立以现实的违法性或社会危害性认识为必要。要认定行为人主观方面具有故意，必须以行为人具有社会危害性认识或违法性认识或对两者均有认识为必要。当行为人既无社会危害性认识，也无违法性认识时，则不成立故意"。❷

折中说试图调和肯定说与否定说之间的尖锐矛盾，以期使违法性认识理论更好地适应司法实践的发展。因为我国法律明确规定社会危害性为明知的内容，所以对行为的社会危害性认识是一个不得不面对的理论难题，学者们出于自圆其说的目的，考虑怎样在坚持违法性认识的理论框架下妥善解决社会危害性认识问题，从这个意义上讲，折中说也许是一种无奈的选择。

三、现实的选择——违法性认识与社会危害性认识择一说

"违法性认识"这个法律词汇严格意义上讲是地道的舶来品，在我国传统法律文化中并无踪迹可寻。西方刑法理论在谈论违法性的本质时，通常是通过形式违法性与实质违法性这一对概念对其进行解读。所谓形式违法性，是指行为对法律规范或法律秩序的违反。然而，学者们认为形式违法性只是形式上对违法概念的简单重复，并未触及违法性的本质。所以，这就需要通过法律以外的实质根据来说明违法性，这样，实质违法性的概念应运而生。现在，通行的

---

❶ 参见：赵秉志. 全国刑法硕士论文荟萃［M］. 北京：中国人民公安大学出版社，1989：127.

❷ 参见：李永升，王博. 论犯罪故意中的违法性认识［J］. 河北法学，2005（1）.

观点认为实质违法性是指对法益的侵害或危险。"形式违法性与实质违法性并不是对立的概念，也不只是一种观念的重复，而是一种对应的概念，二者分别从形式的、外表的以及实质的、内容的角度来探求违法性的本质。"❶ 因此，在讨论违法性认识是否为故意的构成要素时，应区分对形式违法性的认识与对实质违法性的认识。这一对概念在我国刑法语境中可转化为刑事违法性与社会危害性概念，学者们认为我国刑法中的违法性相当于形式违法性，社会危害性大体相当于实质违法性。我国刑法中犯罪故意的定义表明了故意不是单纯的心理状态，而是具有充足的实质内容，行为人希望、放任的不是一般的事实而是危害事实。所以，要正确界定故意认识因素的规范评价内容，就必须正确处理违法性认识与社会危害性认识的关系。在上述有关这一问题纷繁复杂的学说中，笔者赞同违法性认识与社会危害性认识择一说。下面就其理由详述之。

（1）择一说是对社会危害性与违法性的关系的正确反映与体现，对于社会危害性与违法性的关系，有学者论道："刑事违法性究其实质而言，不过是行为人社会危害性在法律上的表现而已，是立法者以法律形式对其予以确认的结果。社会危害性是对行为社会意义的否定评价，但这种评价不是凭空进行的，而是以一定行为准则为依据的，这个依据就是国家以一定形式所建立起来的法律规范。因此，一种行为具有违法性，就意味着该行为具有社会危害性；反之，行为具有社会危害性就必然在形式上表现为违法性，两者相辅相成、不可分割"。❷ 但是这只是两者关系在理想应然层面的考虑，只存在

---

❶ 参见：张明楷. 刑法格言的展开［M］. 北京：法律出版社，2005：211.
❷ 参见：田宏杰. 违法性认识研究［M］. 北京：中国政法大学出版社，1998：58.

于学者的观念想象中。而在现实实践中，由于立法与现实的差距、人的认识能力的不同、社会生活的复杂多变等原因，社会危害性与违法性并不是时刻都能保持一致。有人可能对违法性有认识但没有认识到社会危害性，或者认识到了社会危害性但没有认识到违法性。这时采用择一说，即认为只需对违法性或社会危害性有认识就有可能构成故意。就能很好地解决实践中发生的"大义灭亲""确信犯"等犯罪的主观罪过问题。

（2）择一说能有效地弥补各种学说的不足之处，其他有关学说都失之片面。首先，认为故意只需认识到行为的社会危害性而不需认识到违法性的观点存在缺陷。即使存在"不知法律不免责"的法律原则，但随着社会的变迁和理论的发展，各国在立法与实践活动中都动摇了此原则的根基。对此原则绝对盲目的遵从已经少见。其次，法律规范具有行为规制功能，它通过对行为构成要件与法律效果的规定指导和规范人民的行为，在行为人已经对法律规范有认识的前提下，仍未能遵循法律规范的要求形成反对动机，并选择实施不符合法律规范的行为。这时，行为人所暴露的反规范人格与主观恶性就是其应受非难谴责的主观根据，这点就如实反映了许多法定犯的主观认识状况；此时再坚持只有社会危害性认识才能构成故意的话，已经明显不合时宜。再次，社会危害性认识有着明确的法律依据，而法律对是否需要违法性认识却只字未提，这往往被认为是证明故意的认识内容为社会危害性的有力证据。那么能据此认为犯罪故意不需要违法性认识吗？笔者的回答是否定的：这种简单、机械的对法律的诠释为笔者所不取。例如，日本《刑法》第 38 条第 3 项对"不得因不知法律而认为没有犯罪的故意"的明文规定，可以看出这是排除违法性认识条款，但这并不妨碍有些日本学者主张违法性认识为故意的构成要素，对此我国《刑法》第 14 条还存在相当大的解释空间。❶ 因此，故意的认识内容仅限于社会危害性认识的观点不足取。最后，故意的成立仅需违法性认识的观点亦值得商榷。理由在于：第一，此说会纵容犯罪人以不知法律为借口逃脱法律制裁，规避其应承担的刑事责任，更会造成越是知法、懂法越能构成故意犯罪的假想，无形之中充当了怂恿公民不知法律的帮凶。虽然"不知法律不免责"原则过于僵硬、失之灵活，但不得不承认其在强调公民具有知法、守法的义务方面有其优势。第二，只以违法性认识为标准会增加司法机关证明故意的负担，在浪费大量的司法资源的同时，有时甚至可能会徒劳无功。第三，在刑法明文将行为的社会危害性规定为故意的认识内容的情况下，坚持故意的成立仅需违法性认识不符合罪刑法定原则。从我国《刑法》第 14 条关于故意的规定可以看出，社会危害性是故意认识内容的核心要素，行为人基于自身主观能动性对行为社会危害性有认识，如果在这种情况下行为人仍实施犯罪行为，那么国家就能对其予以非难，社会危害性认识是行为人负刑事责任的主观根据。第四，在行为人具有社会危害性认识但没有违法性认识的情况下，其仍然决意实施危害行为，并且希望或放任危害社会结果的发生，此时就应当认为行为人在主观上具有应受非难谴责的心理。"为恶的人没有同社会讨价还价的权力，只要行为人故意作出了明知是有害于社会的行为，国家就有权力依法追究其法律责任，而不论其对自己的行为的法律性质有何种

---

❶ 陈兴良. 违法性认识研究［J］. 法学研究，2005（4）.

认识。"❶ 所以，在行为人主观上仅认识社会危害性的情况下，追究其刑事责任符合主客观相一致原则。不过，社会危害性认识与违法性认识相一致的观点也并非完美。不可否认的是，在大多数情况下，违法性认识与社会危害性认识具有一致性，这是因为刑法只可能将具有严重社会危害性的行为规定为犯罪，因此，在一般情况下，行为人认识到行为的违法性也就认识到了行为的社会危害性，反之亦然。但行为人的违法性认识与社会危害性认识相分离的情形在实践中时常出现。行为人在仅有违法性认识或社会危害性认识时，其主观恶性与反规范的人格态度已经显现，就应能对其予以谴责。总而言之，择一说主张行为人在仅有社会危害性认识或违法性认识的情况下，就有可能追究行为人故意的罪责，在行为人对违法性与社会危害性同时具有认识的情况下，故意罪责的成立更是理所当然，这也是择一说的题中应有之义。择一说能有效克服上述各种学说的缺陷，符合我国当前的理论现实和司法实践水平。

（3）择一说符合我国刑事法治发展的趋势，我国现在并将长时期处于社会主义初级阶段。同法治先进的西方国家相比，我国法治建设起点低、底子薄，法律制度和理论学说还有很多值得完善的地方。随着市场经济的发展，国家治理能力和治理体系的不断提高和完善，不同种类法律的相继出台应是可以预见到的事情。刑法领域的变革也在有条不紊地进行，在这个过程中，值得我们注意的主要有两个方面：其一，在刑事立法方面，法定犯大量涌入刑法法典。法定犯是为适应现代社会管理体系而产生的犯罪，国民很难通过朴

❶ 张庆方. 论违法性认识错误对刑事责任的影响 [J]. 烟台大学学报，1998（2）.

素的公平正义的价值观念来判断其是否具有社会危害性，普通大众面对日益膨胀的刑法显得不知所措，公民在遵守法律的同时不知其所以然的情形完全可能出现。正如我国台湾地区学者所言："现代社会，法令纷繁，虽司法之士，亦未能尽知，焉能期待人尽皆通晓，且法律为抽象之规定，常须间接推理，始能体会，是以法律之认识较事实之认识，更为不易"。❶ 其二，刑法理论体系化、精细化的趋势日益明显。通过学者的辛勤耕耘与积累，以及对国外先进刑法理论的不断借鉴与吸收，我国刑法理论在日益有序发展。"随着与刑法有关的国家力量和专家力量的日益膨胀，刑法的实务与理论都日益脱离公众，似乎成为普通公众看不懂的东西。"❷ 因此，仅以违法性认识或社会危害性作为故意认识内容的规范要素，并不能很好地解决我国理论和司法实践中出现的问题。择一说主张只要具有违法性认识或社会危害性认识，即可认为行为人具有故意。此说迎合当下实际，也符合我国刑事法治发展的趋势。

（4）择一说正确反映了行为人的认识规律。不同的人具有不同的认识能力，并且在认识事物的过程中过程中也会出现认识偏差。对生活在社会中的人来说。因家庭背景、社会地位、经济状况、生活环境、阅读范围等的不同，对同一客观事物的认识能力和水平也有不同，并且对同一行为的性质也有着不同的认识。就犯罪故意的认识内容而言，对于相同的行为，有的人可能认识到了行为对社会具有危害性，但对违法与否没有认识；有的人可能认识到自己的行

---

❶ 林瑞富. 阻却责任事由各国立法理由之比较研究［M］. 台北：台湾开明书店，1970：73.

❷ 周光权. 论刑法的公众认同［J］. 中国法学，2003（1）.

为违反法律，但对行为的社会危害性却一无所知；还有的人可能既认识到了行为的违法性也认识到了社会危害性。这种现象不仅存在于一般民众之中，即使对那些以研究法律为业的专家学者和理论研究人员来说，要想在对行为性质的认识上达成一致也是有困难的。因此，我国的法律和理论必须正视这一规律，并确保刑事立法和司法实践正确反映这一规律，在认定犯罪故意时不应对行为人提出过高的认识标准。依据我国《刑法》规定，故意是指"明知自己的行为会发生危害社会的结果"，行为人只要对社会危害性有着大概的、模糊的认识，就足以说明行为人的反社会动机。违法性认识也一样，并不需要行为人对具体违犯哪一法规有精准的认识，违法性认识和社会危害性认识程度只是反映行为人的主观恶性程度而已。择一说认为行为人只要对社会危害性或违法性两者有其一认识，即可成立故意，它正确地反映了行为人的认识规律和现状。如果仅仅选择或考虑违法性认识或社会性认识中的一个，而忽视或排斥另外一个，都是不完整的，无视社会认识规律的。

第四节　违法性认识的理论定位

一、违法性认识与违法性认识可能性

对故意犯罪的成立而言，违法性认识的存在是必要的，但对于违法性认识，我们不能机械地将其理解为具体的、现实的认识，而应扩大解释为违法性认识的可能性。没有违法性认识可能性，不能成立故意犯罪。违法性认识可能性的目的在于谋求刑法适用上的具体妥当性。虽然没有实际的违法性认识，但行为人处于稍作努力就能够认识它的状态，所以其不认识违法性也值得赋予责任非难。

　　肯定违法性认识可能性的存在，其意义体现在：（1）与责任主义相契合，（2）与罪刑法定原则的晓谕功能相呼应。认为违法性认识不重要的观点，实质上否定了罪刑法定原则对国民个人行为的指引功能，所以不妥当。需要进一步讨论的是违法性认识与违法性认识可能性是否存在区别。理论上对违法性认识可能性的通常批评是：可能性这种过失的要素导入故意概念中，导致故意与过失相混同。故意是指明知某一事实，是否违法并不知道，仅仅有认识的可能性，就认为有故意，从语法上看也没有道理。的确，故意责任只要求有违法性认识可能性，不要求有现实的违法性认识，从形成反对动机的可能性这一点来看，二者只对责任非难产生量的差异，不会带来质的区别。对于作为主观的构成要件要素，故意必须在具有事实的认识时才能成立，仅仅有认识事实的可能性，并不存在故意，因为事实的认识和事实认识的可能性具有根本的不同。但违法性认识和违法性认识可能性之间并不存在质的差别，而只有量的区别。❶ 行为人知道行为违法，仍然实施此类行为，当然值得非难；行为人如果稍加注意，就能够认识到违法性，但行为人却疏于认识，藐视法律的存在，就是具有违法性认识可能性，也值得加以非难。换言之，违法性认识和违法性认识可能性都是在为责任非难提供判断资料和依据。唯一不同的是，具有违法性认识的行为人和仅仅具有违法性

---

❶ 参见：野村稔. 刑法总论［M］. 全理其，等，译. 北京：法律出版社，2001：305.

认识可能性的行为人在责任程度上有一些差别。具有违法性认识时，行为人直接的、现实的反规范人格表现得特别充分，法敌对意思强烈，应该受到相当严厉的责任非难；具有违法性认识可能性时，反规范的态度具有间接性，对法规范的存在漠不关心，法敌对程度较低，受到的处罚相应较轻。

二、违法性认识是责任要素

根据责任说，故意犯的成立，要求有违法性认识，至少要有违法性认识的可能性，违法性认识是除故意、过失之外的独立的责任要素。因为社会为了自身的存在和发展，设定了若干行为规范，期待着社会成员的遵守，这些规范也能够得到多数人的遵守，对于不遵守规范的人，应当予以惩罚。行为人故意实施的行为，如果具有违法性，由于他作为社会成员，被推定为应当遵守规范和能够遵守规范，对其施加处罚就是妥当的，违法行为具有责任推定机能。但是，也存在例外的情况，在行为人完全不具有违法性认识可能性，不可能形成反对动机的情况下，即使其对犯罪事实有认识，也不能对其违法行为进行非难，被推定的责任被阻却。根据责任说，在故意的内容中，违法性认识只是影响、阻却责任的要素，而非阻却故意的要素。

故意，意味着行为人知道自己在做什么，在什么情况下行为，并且他的行为会有什么样的结果。故意的成立，要求具有行为人对符合构成要件的客观事实涉及行为（行为主体、行为客体和行为状况）、结果和两者之间的因果关系、规范的构成要件等要素，因此，行为人如果对这些事实没有认识，就不可能成立故意。这就说明，犯罪故意的确主要涉及对事实及其伴随情况的认识，是一种"事实性认识"，它与违法性认识完全是性质不同的事物。违法性认识的意思是：行为人知道他的行为违反法秩序，也知道法律对他的行为方式的评价。违法性认识与个案中犯罪人的认识有关，认识的对象是法律规范，规范是法律上当为的命题，行为人对法律规范毫无所知，也不能排除故意，故意仍然存在，只是需要讨论责任是否存在的问题。此时，需要结合具体案件判断，行为人对法律的无知或者错误是否是不可避免的。如果得出肯定的结论，就可以说行为人缺乏违法性认识。这充分说明，违法性认识及其可能性是与故意、过失相区别的独立的责任要素。例如，甲盗窃他人的财物，事后知道该财物是假币，但以为个人可以携带真币出境，携带假币出境也不会有问题，就携带这些假币通过海关，甲明知是假币而携带出境的，走私的故意显然存在。至于其是否具有违法性认识，则是要在实务上另外再评价的问题。又如，"SARS"期间，A得知政府要求所有豢养果子狸的人都必须严格管理该动物，A发现B喂养的果子狸有10只在外游荡，就将这些果子狸杀死。A明知是他人的财物而加以毁坏，毁坏财物的故意显然是存在的，至于其是否有责任，则是需要另行评价违法性认识是否存在的问题。换言之，即使行为人对犯罪事实有故意，但不可能认识到违法性时，就不可能形成不实施违法行为的反对动机，不能非难行为人，因此，不存在违法性认识的可能性是责任阻却事由，这也说明违法性认识可能性是与故意不同的另一责任要素。

规范责任论在从非难或非难可能性中寻找责任的根据时，强调作为责任要素必须有违法性认识或者违法性认识可能性。但这里所谓的违法性认识或者违法性认识可能性并不是单纯的心理事实，而同时是指作为抑制犯罪意思决定的规范意思，即应在其形成过程中考虑到反对动机的形成。所以，违法性认识或者违法性认识可能性是规范的责任要素。如行为人对行为的违法性缺乏认识的可能性，就不能对此加以非难。❶ 这是没有问题的，但是，不能认为从规范违反说的角度，违法性认识就是对心理事实中认识因素的规范评价，属于犯罪故意的内容。这在一定程度上是对规范责任论的误解。规范责任论并不是要彻底排斥心理责任论，只是认为对责任的判断，需要在心理事实判断的基础上，作进一步的规范评价。在对责任故意、过失是否存在进行分析时，当然应当依照心理责任论确定故意、过失的有无，这是实际事实性判断。在故意、过失具备的情况下，再考虑行为人对法规范的态度（违法性认识判断），以及对行为人进行个别化的归责是否妥当。所以，根据规范责任论，在进行责任判断时，确定责任能力、故意和过失，属于事实判断的内容，对违法性认识、期待可能性的分析，才是规范判断的内容。规范责任论是在心理责任论的基础上融入规范分析，并不意味着对作为心理事实的故意、过失概念，要加入规范判断的内容。规范判断是在确定故意、过失存在之后，分析责任有无时需要加以确定的情况，期待可能性、违法性认识因此都不是故意、过失范畴中的一部分。所以，违法性认识是规范的责任要素，如果行为人对行为的违法性缺乏认识的可能性，就不能对此加以非难。

---

❶ 参见：陈兴良. 违法性认识研究 [J]. 中国法学，2005 (4).

157

第三章　违法性认识

第四章

认识程度

"明知自己的行为会发生危害社会的结果"，是我国《刑法》对犯罪故意认识因素的独特表述。具体来讲，就是指对行为及其危害社会的结果有无认识和认识的程度如何的问题。由此可见，认识因素包含认识内容和认识程度两个层次的问题。"如果说犯罪故意的认识内容说明了行为人注意的视野范围，那么，犯罪故意的认识程度证明着行为人对其行为发生危害社会结果的可靠性的具体判断"。❶由于客观事物的复杂多变和人的认识能力的参差不齐，人们对事物的认识程度也有所不同，行为人对犯罪事实的认识程度反映着其主观恶性程度。因此，对行为人认识程度的正确理解，对于确定行为人的罪过形式和内容具有重要的意义。

第一节　认识程度理论的域外考察

一、德国故意理论中有关认识程度的学说

回顾德国故意理论的演变和发展史，间接故意与有认识的过失之争已经成为一个永恒的主题。著名刑法学家威尔泽尔曾指出："间接故意与有认识过失的分界问题是刑法最困难且最具争议的问题之一，这个问题难在意欲是一种原始的、终极的心理现象，它无法从其他感性或知性的心理流程中探索出来，因而只能描述它，无法定

---

❶　姜伟. 罪过形式论［M］. 北京：北京大学出版社，2008：22.

义它"。❶ 鉴于意欲要素的不可捉摸性和难以描述性，许多学者尝试着从认识因素的角度（认识论）来区分间接故意与有认识的过失，尤其是以认识程度为标准来区分两者。其代表性观点主要是可能性说与盖然性说。

（一）可能性说

可能性说又称预见说，这一学说由施罗德首创，并由施米特霍伊泽尔进一步发展，其所持的是一种彻底的认识主义的立场。此说将意志因素排除在故意内容之外，行为人只要对结果的发生存在具体可能性认识，即使其不希望结果的发生，也应认为行为人构成故意。因此，可能性说等于否定了有认识的过失的存在，所有的过失都是无认识的罪过形态。❷ 现在对可能性说也存在一些批评的意见：第一，在现实生活中，行为人即使对发生概率较低的事情有认识或预见，但行为人在行为时对这一认识或预见并不在意，也并不是真正地接受结果的发生的情况。此时要求行为人承担故意责任显然不合适。例如，行为人因着急回家而在公路上超速驾驶，结果发生交通事故导致他人死亡。虽说行为人对自己超速驾驶有认识，但明显不能让行为人承担故意杀人罪的责任。第二，如果在特殊情况下一般人很难认识到结果的发生，但行为人因为沉稳、谨慎的性格，从而认识到某种结果发生的可能性，这时认定其为故意犯罪，就会不

---

❶ 转引自：许玉秀. 主观与客观之间——主观理论与客观归责［M］. 北京：法律出版社，2008：43.

❷ 转引自：许玉秀. 主观与客观之间——主观理论与客观归责［M］. 北京：法律出版社，2008：46.

恰当地扩大故意的范围。

（二）盖然性说

这一学说由迈耶尔首先提出，此说认为故意的成立，不仅需要对结果发生的可能性具有认识，还应对结果发生的盖然性有认识。这里所说的盖然性，用迈耶尔自己的话说是"比可能性高，比高度盖然性低的程度"。[1] 通常盖然性被理解为高度的可能性，或者是不是必然发生而是有可能发生。这一学说仍从认识因素的角度来诠释故意，其可取之处在于通过对行为人认识程度的比较，能直接地判断行为人对危害结果的接受程度。根据这一理解，故意与过失的差异在于对结果发生可能性的认识程度不同，如果仅对结果发生的可能性具有认识，此时的罪过形式应是有认识的过失；如果认识到结果发生的盖然性，就是间接故意；只有在对结果的发生具有确定性认识时，才认为具有确定的故意。这一学说受到的批判主要有：一是刑法只是原则上处罚故意，而例外处罚过失，故意、过失在可非难程度上存在重大差异，而此说却只在认识程度上对故意过失予以区分，显然具有不合理之处。二是盖然性的判断标准模糊，对盖然性高低程度的认识，只不过是单纯的行为人在实施行为时在何种程度上将其考虑在内的征表而已。到底什么样的程度是比可能性高，比盖然性低？如果说比50%高是盖然，低于50%不是盖然的话，怎样来测量和评估这种程度也是一个问题。

---

[1] 转引自：许玉秀. 主观与客观之间——主观理论与客观归责［M］. 北京：法律出版社，2008：65：

二、俄罗斯《刑法》中有关认识程度的理论

《俄罗斯联邦刑法典》第25条规定："（一）具有直接或间接故意而实施的行为被认为是故意实施的犯罪。（二）如果犯罪人意识到自己行为（不作为）的社会危害性，预见到可能或必然发生危害社会的后果并希望这种后果发生，则犯罪被认为是具有直接故意实施的犯罪。（三）如果犯罪人意识到自己行为（不作为）的社会危害性，预见到可能发生危害社会的后果，虽不希望，但却有意识地放任这种后果发生或对这种后果采取漠不关心的态度，则犯罪被认为是具有间接故意实施的犯罪。"❶ 从上述条文可以看出，直接故意和间接故意在认识因素方面既有相同点也有不同点，相同点在于都需对行为的社会危害性具有认识，而差异或不同主要体现在认识程度上，直接故意须认识到危害社会结果发生的必然性与可能性，而间接故意仅须预见到结果发生的可能性。❷ 这种对认识程度的必然性和可能性的区分对我国刑法理论产生了深远的影响。

三、日本《刑法》中有关认识程度的理论

日本刑法理论认为，"故意是对构成要件事实的认识或预见，过失则是对构成要件事实的认识或预见的可能性"。❸ 然而，认识或预

---

❶ 俄罗斯联邦刑法典 [M]. 黄道秀，译. 北京：北京大学出版社，2008.

❷ 伊诺加莫娃·海格. 俄罗斯联邦刑法（总论）[M]. 黄芳，刘阳，冯坤，译. 北京：中国人民大学出版社，2010：86 - 87.

❸ 大冢仁. 刑法概说（总论）[M]. 3版. 冯军，译. 北京：中国人民大学出版社，2003：177.

见在程度上存在差异，到底对构成要件事实存在何种程度的认识或预见才能肯定故意存在，或者否定故意的成立而具有过失呢？为了形象地说明这一问题，学者设想了一个情形。例如，行为人对某个目标进行射击，在这一行为过程中，其内心认识过程大概可以划分为以下几种状态：一是意图命中的情形，二是认为一定会命中目标，三是认为大概会命中目标，四是认为或许难以命中目标，五是认为不会命中目标。针对上述情形，暂时撇开意志因素不谈，行为人具有不同的罪过心态。意图命中目标实现犯罪事实时，成立意图。认为一定会命中目标，就是对犯罪事实具有确定性的认识或预见，此时成立确定性故意。认为可能会命中目标，就是指行为人没有确定性的认识或预见犯罪事实，但却认识或预见到犯罪事实的发生具有较高的盖然性，此时成立未必的故意。认为或许难以命中目标，就是行为人一度认识到犯罪事实但最终还是否定其发生，此时成立有认识的过失。认为不会命中目标，就是行为人对犯罪事实根本就没有认识，此时应成立无认识的过失。❶

第二节　对"明知"的理解

一、"明知"内涵之争

"明知自己的行为会发生危害社会的结果"是我国刑法对故意认

---

❶　参见：山口厚. 刑法总论［M］. 付立庆，译. 北京：中国人民大学出版社，2011：198～199. 前田雅英. 刑法总论讲义［M］. 东京：东京大学出版会，1998：280.

识因素的规定，其中，"明知"是对认识程度的质的规定性的表述，如果行为人缺乏对构成要件事实的明知，就不具备故意成立的前提条件。"明知"作为行为人的主观认识，是一种倾向于肯定性的判断。奥地利《刑法》第 5 条第 3 项对明知作出了规定："法律规定某种情况或结果之发生，以明知为条件者，如行为人对此情况或结果，不仅认为可能，且确信其必然存在或发生时，视为明知"。与之相对的是，我国《刑法》并未对"明知"的内涵进行具体的阐述，但有数量相当可观的条文将"明知"作为构成要件要素加以规定。据有关学者统计，除《刑法》总则第 14 条有"明知"的表述外，分则中有 28 个条文对"明知"要素有规定。明知根据内容的不同，可以分为对行为的明知、对人的明知、对物的明知、对特定事实的明知四种。❶ 在有关的论文与著作中，学者们对"明知"的内涵有着不同的理解，具有代表性的观点主要有以下几种：一是顾名思义型，从字面意思来理解，将明知解释为"明确意识到""明确知道"。❷

---

❶ 参见：桂亚胜. 故意犯罪的主观构造及其展开 [D]. 上海：华东政法大学，2006：33. 分则中对"明知"有规定的罪名包括：第 144 条生产、销售有毒、有害食品罪，第 145 条生产、销售不符合标准的医用器材罪，第 146 条生产、销售不符合安全标准的产品罪，第 147 条生产、销售伪劣农药、兽药、化肥、种子罪，第 148 条生产、销售不符合卫生标准的化妆品罪，第 171 条出售、购买、运输假币罪，第 172 条持有、使用假币罪，第 191 条洗钱罪，第 194 条票据诈骗罪，第 214 条销售假冒注册商标的商品罪，第 218 条销售侵权复制品罪，第 219 条侵犯商业秘密罪，第 310 条窝藏、包庇罪，第 312 条掩饰、隐瞒犯罪所得、犯罪所得收益罪，第 345 条非法收购运输盗伐、滥伐的林木罪，第 350 条非法生产、买卖、运输制毒物品、走私制毒物品罪，第 363 条第 2 款为他人提供书号出版淫秽书刊罪，第 370 条故意提供不合格武器装备、军事设施罪，第 373 条雇用逃离部队军人罪，第 379 条战时窝藏逃离部队军人罪，第 399 条第 1 款徇私枉法罪，第 415 条办理偷越国（边）境人员出入境证件罪、放行偷越国（边）境人员罪，共有 22 个罪名。应当指出的是，上述法条尚不包括司法实践中要求对特定对象的身份、年龄、法律性质必须"明知"的情况，例如，奸淫幼女罪中对幼女年龄的明知等。

❷ 参见：蔡桂生. 国际刑法中"明知"要素之研究 [J]. 法治论丛，2007（5）.

二是将"明知"解释为"确知"和"可能知道",其中,"确知"是指对犯罪事实的确定性认识,"可能认识"仅对犯罪事实具有可能性认识,即根据相关情况判断出可能会发生犯罪事实,但又不是十分确定的情形。此观点认为,将"明知"的含义局限于"确知"会出现放纵犯罪人的结果,将"应当知道"解释为"明知"的内涵,则有违反罪刑法定原则之嫌,只有将"明知"理解为"确知"与"可能知道"相结合,才更能准确地界定明知程度,有利于罪过形式的确定。❶ 三是将"明知"的内涵解释为"知道或应当知道",这一观点被我国相关法律和司法解释所采纳,此时,"明知"不仅包括"确知",还包括"应知"。例如,我国《刑法》第219条第2款规定:"明知或者应知前款所列行为,获取、使用或者披露他人的商业秘密的,以侵犯商业秘密论"。1998年5月8日,最高人民法院、最高人民检察院、公安部、国家工商行政管理局发布的《关于依法查处盗窃、抢劫机动车案件的规定》的司法解释规定:"本规定所称的'明知',是指知道或者应当知道。有下列情形之一的,可视为应当知道,但有证据证明确属被蒙骗的除外:(1)在非法的机动车交易场所和销售单位购买的;(2)机动车证件手续不全或者明显违反规定的;(3)机动车发动机号或者车架号有更改痕迹,没有合法证明的;(4)以明显低于市场价格购买机动车的。"这里的"应当知道"实际上是指推定的明知,相关司法解释对推定的基础事实予以规定,当行为人的行为符合有关基础事实时,就推定行为人对犯罪事实具有明知,行为人也可以提出反证,反证的成立对推定有否定的效力。

---

❶ 参见:唐治祥. 对"明知他人有间谍犯罪行为"的理解 [J]. 成都教育学院学报, 2006 (2).

因此，"应当知道"主要是通过一系列相关的具有高度盖然性的事实运用逻辑和经验的方式来推知行为人的主观心理状态，为司法实践中故意的认定提供了便利。由上述可知，在我国现行的法律和刑法理论中，通常将"明知"以一种固化的模式解释为"知道"（明确知道）和"应当知道"，进而将犯罪嫌疑人对犯罪事实的主观认识划分为"知道"（明确知道）"应当知道""不知道"。❶ 又因为"知道"（明确知道）和"应当知道"属于"明知"的内涵，所以，现行理论对"明知"实质上是采取的"知道—不知道"两分的模式。之所以出现对"明知"理解的理论乱象，根源还是在于我国法律试图完全用"明知"一词统一故意的认识程度，不像一些国家或地区的刑法用类似"明知……确信""明知……预见"或"预见……可能"来明确区分直接故意和间接故意在认识程度上的差异。❷ 于是学者们只能充分发挥自己的"想象力"在现有法律框架下解释"明知"，这样使得学术界对这一问题产生了一定的分歧。

二、对"明知"内涵的重新诠释

首先，不管认为故意是对"构成要件事实的明知"还是"明知自己的行为会发生危害社会的结果"，"明知"都是对尚未发生的构成要件事实的认识。因为在行为人还没有着手实施构成要件事实之前，其所认识或了解的都是主观存在的抽象事实，而非客观存在的

---

❶ 参见：于志刚. 犯罪故意中认识理论新探［J］. 法学研究，2008（4）.

❷ 例如，我国台湾地区"刑法"第 13 条分两款来区别规定故意："行为人对于构成犯罪之事实，明知并有意使其发生，为故意。行为人对于构成犯罪之事实，预见其发生而其发生并不违背其本意者，以故意论。"直接故意和间接故意在认识程度上区别明显。

具体事实。因此，不论行为人对自身的认识判断能力多有自信，在犯罪行为完成前，其对构成要件事实的明知都只能是一种个人的推测。正如我国学者所指出的那样："这里的明知必然发生或明知可能发生都是指行为人在当时情况下的一种主观判断，因而属于主观认识内容，而非客观的真实事实"。❶ 认识错误与犯罪未遂的存在，从另一个侧面印证了行为人事前的认识与事后的真实结局存有偏差。遗憾的是，我国一些学者对"明知"问题的讨论却明显存在一个时空上的错位，他们往往基于"后时空"的立场去评论"前时空"。申言之，这些学者是在用事后已经发生的客观真实来代替事前的设想和推测。将"明知"的内涵界定为"明确知道"就存在着这样的毛病，用"明确知道"来表述一个不断变化的、结局难料的行为发展历程，就等于是在承认人类具有先知先觉的超能力，这明显与作为现代刑法理论基石的相对意志自由理论相矛盾。

其次，不能将"预见"等同于"明知"。认识为犯意的基础，原则上只有故意犯有认识。但我国《刑法》关于认识因素的规定较为复杂，大体言之，可以分为"明知"和"预见"两类。即除了对犯罪故意有"明知自己的行为会发生危害社会的结果"外，还包括过于自信的过失（有认识的过失）中的"已经预见自己的行为可能会发生危害社会的结果"。对具有刑事责任能力的行为人来说，"明知"或"预见"都是源自理性而非简单的感觉。"明知"或"预见"的本质应为一种心理现象或心理状态，其并不是对外界存在事物的真实反映。因此具有理性的人皆能产生此种心理状态，并且能以之

---

❶　参见：陈兴良. 本体刑法学 [M]. 北京：商务印书馆，2001：337.

作为犯意发生的基础。然而，不应在同一意义上使用"明知"和"预见"。对于"明知"和"预见"的差异，我国台湾地区学者的观点是："认识之程度有深浅，其深者谓之明知，其浅者谓之预见。例如，认识虎咬人为明知，认识犬咬人为预见。盖虎咬人，为必；犬咬人为未必也"。❶ 这主要是在认识程度上区分两者。但"明知"作为行为人主观上的认识，其心理状态本质上可以概括为"信其如此与信其或如此"，行为人在有此认识的前提下，进而有对构成要件事实"使其发生"或"任其发生"的意志，"使其发生"之犯意称为直接故意，"任其发生"的犯意称为间接故意。对于"明知"的对象，虽然"明知"存在程度上的差别，但其认识对象皆已定位。例如，对杀人的犯罪事实，行为人信此为杀人行为和信此或为杀人行为，只是前者为单式定位；后者信此为杀人行为或非杀人行为，其对象虽为复式，但信此为杀人行为已经定位，只需对已经定位的事实有明知并具有任其发生的意志，即可构成间接故意。因此，"明知"属于行为人的终局性认识，在法律上有独立的评价地位，为产生故意犯意的基础。而"预见"在本质上可概括为"曾信其可能如此"的心理状态。因此，"预见"的对象只能是可能发生的现象，其认识对象并未如同"明知"一样已经定位，此时的"预见"只是一种先发心理状态，尚需等待"确信事实不会发生"的后继心理状态的出现才能被评价为过失。由此看来，"预见"不具有独立的评价地位，而在评价为过失时，其原因主要在"确信其不发生"的后继心理。就此后继心理而言，实际上为行为人错误的心理确信，而并

---

❶ 参见：郑健才. 刑法总则 [M]. 台北：台湾三民书局，1985：92.

非真正有认识，所以称此种心理为有认识的过失其实并不恰当。只是因为行为人有"曾信其可能如此"的中间认识，才认为其区别于真正的过失（应当预见而没有预见）。具体到对间接故意与有认识过失在认识因素方面的比较，笔者结合上述原理认为存在以下三点区别：第一，间接故意对危害结果的可能性认识应为一种实际可能性，其具有较高的盖然性，是行为人在对客观行为发展的趋势进行判断与评估后，认为确实有可能发生危害社会的结果，而有认识的过失对危害社会结果的可能性认识则是以一定的假设前提为基础的，其预见到危害结果可能发生主要反映在行为人对外界不利因素的估计上，这一心理实际是行为人对其实施的行为的未来走向所做的最坏的设想。第二，有认识的过失虽说预见到危害结果发生的可能性，但其认识却具有一定的模糊性。例如，意识到刹车系统出现故障的司机，虽说对可能出现交通肇事有所预见，但对到底会撞上人还是物以及事故发生地点并无明确具体的认识。而刑法之所以用"明知"来对间接故意的认识因素进行表述，正是由于此时行为人对危害结果的发生有较明确的认识，是一种肯定性的判断。例如，行为人因熟知妻儿的生活规律，自然会认识到在妻子饭碗中投毒可能会殃及尚需妻子喂饭的儿子。第三，对于有认识的过失，行为人在认识到危害结果发生的可能性后，因为对周边有利因素的充分信赖，行为人最终认为危害结果不会发生。在心理上有认识的过失表现为这样一个过程："行为人先是根据不利因素作出一种假定，认为危害结果可能发生；后来，行为人又凭借有利因素，认为可以避免危害结果的发生，等于否定了先前的关于发生危害结果的预见"。❶ 因此，有认识的过失实质上是在否认先前认识的基础上认为危害结果不会发生。例如，行为人认识到在高速公路上开快车可能会发生交通事故，便减慢车速，认为这样做就不会发生严重事故。而间接故意并不具有对危害结果不会发生的认识，行为人认为危害结果的发生具有高度盖然性。总之，"明知"与"预见"在认识程度和性质上都存在差异，不应将两者混淆。

最后，应当将"明知"置于整个人的认识体系中来考察，区分认识程度意义上的明知和认定意义上的明知，所谓认识程度意义上的明知是指反映行为人自身认识状况的明知，其是一种预先存在于人们头脑中的观念形象；认定意义上的明知是指通过一定的方法和手段对行为人的认识状况予以评价的明知，主要涉及的是他人对行为人认识状况的判断。正如我国学者所言："行为人对自己所将要实施的犯罪事实的明知，实际上是一种以观念形态反映的即将在现实中发生的犯罪事实的预想，并非对已经构成犯罪事实的认识，这是第一位次的问题；而我们对行为人认识状况的认识和评价，则是第二位次的问题，也就是归责问题。我们不能将行为人的认识状况与我们对行为人的认识状况的认定这两个问题相混淆"。❷ 因此，正确区分上述两种不同类型的明知具有重要的理论和现实意义。笔者认为，行为人自身对构成要件事实的明知因程度不同可以分为：知道、可能知道、不知道三种类型。而对于认定意义上的明知，本书赞同

---

❶ 参见：姜伟. 罪过形式论［M］. 北京：北京大学出版社，2008：266.

❷ 参见：于志刚. 犯罪故意中认识理论新探［J］. 法学研究，2008（4）.

有关学者的观点，将其分为证明的明知与推定的明知。❶ 本章主要讨论的是认识程度意义上的明知，并着重讨论"可能知道"这一类型，至于认定意义上的明知将在下一章予以讨论。

三、"可能知道"的刑法界说

"明知"的内涵能否包括"可能知道"？笔者对此问题倾向于作出肯定的回答。从词源意义上考察，"明知"就是明明知道、明确知道的意思。然而，对"明知"我们不能作笼统的理解，德国许乃曼教授曾指出："故意的成立，取决于对自己行为的效果的认知，这个认知可以呈现各种不同的强度，从对可能性有确定的认知一直到可能的认知，这个可能的认知同样还表示具有充分的操控能力"。❷ 根据这一观点，"可能知道"应属于"明知"的内涵。首先，面对相同的事物，由于客观条件和认识能力的不同，人们具有不同的认识程度，既可能是完全知道，也可能是部分知道，还有可能是完全不知道。所以，"明知"无疑可以分为"明确知道"与"可能知道"两种类型，如果说"明确知道"是指对事物的认识达到内心确信的程度的话，那么"可能知道"就表现为对事物具有高度盖然性、或然性认识。这点也可以在我国立法中找到根据，例如，最高人民检察院于 2001 年 6 月 11 日公布的《关于构成嫖宿幼女罪主观上是否需要具备明知要件的解释》规定：行为人知道被害人是或者可能是

---

❶ 参见：周光权. 明知与刑事推定 [J]. 现代法学，2009，31（2）.
❷ 参见：许乃曼. 刑法上故意与罪责之客观化 [J]. 郑昆山，许玉秀，译. 政大法学评论，1996（47）.

不满 14 周岁幼女而嫖宿的，适用《刑法》第 360 条第 2 款的规定，以嫖宿幼女罪追究刑事责任。该司法解释将明知是幼女规定为嫖宿幼女罪的构成要件，并且在程度上将明知区分为"知道是"与"可能是"两级。因此将"可能知道"纳入"明知"的内涵符合人们的认识规律。其次，在我国立法和有关司法解释中，有着大量关于"明知"的内涵与认定方法的规定。然而，从逻辑上讲，其将性质和类型完全不同的"知道"和"应当知道"并列是不科学的。"知道"表示是行为人的自身的认识状况，而"应当知道"则是一种事实推定方式，属于外界对行为人认识状况的一种评价，在一定情境中被当作推定行为人明确知道的证明方式。"不管是总则中的明知，还是分则中的明知，都是指行为人已经知道某种事实的存在或者可能存在，而不包括应当知道某种事实的存在，否则便混淆了故意与过失"。❶ 因此，有关立法和司法解释实质上只规定了"明确知道"这一种行为人主观认识状态，相关规定并没有反映行为人完整的认识状态，欠缺了"可能知道"这一重要组成部分。既然作为事实推定方式的"应当知道"能够推定证明行为人"明确知道"，那么就一定能推定出行为人"可能知道"的结果，"应当知道"不等于"可能知道"，一味将推定结果限于"明确知道"是不符合逻辑和认识规律的，所以，行为人的认识状况应分为知道、可能知道、不知道三种情形。最后，为"明知"内涵的"可能知道"，可以作为直接故意和间接故意的认识因素而存在。换句话说，既存在行为人可能知道构成要件事实而希望其发生的情形，也存在行为人可能知道构

---

❶ 参见：张明楷. 如何理解和认定窝赃、销赃罪中的"明知" [J]. 法学评论，1997 (2).

成要件事实而放任其发生的情形。例如，在窝赃、销赃犯罪中，所谓对赃物具有明知，根据认识程度的不同可分为两种情形，一是指行为人根据相关请托人的说明或者其他消息来源，明确知道自己窝藏、销售的不是通过合法渠道获得的物品，而是犯罪所得的赃物，这时只能成立直接故意。另外一种情况是可能知道是赃物，是指行为人虽不能完全肯定，但其根据物品的价值、种类、数量等，认识到窝藏、销售的可能是来路不正的物品，这时如果行为人希望犯罪事实的发生，则为直接故意。如果放任犯罪事实的发生，则为间接故意。因此，这里的"明知"并不是要求对赃物具有确定性认识，只需要认识到可能是赃物即可。❶

　　"可能知道"的提出具有重大的理论和现实意义。在理论上，"可能知道"完善和丰富了犯罪故意认识理论。"明知"作为行为人对构成要件事实的一种认识状态，既不同于外界对行为人主观认识的评价，也不同于对"明知"的事实推定方式。将"可能知道"解释为"明知"的内涵，突破了传统认识理论将"明知"理解为"知道或应当知道"的僵化见解，使认识理论更加具有逻辑性和条理性，并且符合人们的认识规律。在司法实践中，"可能知道"的提出合理地解决了司法机关和行为人之间的证明责任分配问题。作为对构成要件事实的明知，并不要求行为人达到确定唯一认识的程度，行为人对犯罪事实的可能或概括性认识也能反映其主观恶性，此时行为人的认识状况也完全具有归责的可能。换句话说，司法机关在认定行为人的主观认识状态时，并不要求达到"明确知道"的程度，只

---

　　❶ 参见：张明楷. 如何理解和认定窝赃、销赃罪中的"明知"［J］. 法学评论，1997（2）.

需能证明其对犯罪事实"可能知道"即可,"可能知道"符合责任主义要旨。相反,如果一味要求司法机关对行为人认识状态的认定必须达到"明确知道"的程度,在行为人辩称自己确实不知或拒不交代的情况下,无疑将导致公诉机关证明责任的加重,这一情形在证明类似毒品犯罪等有关特定对象的犯罪时尤其明显。"可能知道"理论的引入,其所独有的区间知道的模糊数学特征就能发挥应有的功能。❶ 这对合理分担举证责任、严密刑事法网与保护法益具有重要意义。

第三节　对"会"的理解

一、"必然会"与"可能会"的辨析

我国《刑法》将认识因素表述为"明知自己的行为会发生危害社会的结果",其中,对"会"的理解涉及认识程度量的规定性。传统刑法理论认为:"会"包括"必然会发生"和"可能会发生"两种情形,只需具备其中一种情形,就具备犯罪故意的认识因素,具体而言,在直接故意的认识因素中,应明知必然或可能会发生危害社会的结果;而在间接故意的认识因素中,只需明知会发生危害社会结果的可能性。"必然性"和"可能性"认识应以行为人自身认识情况而非客观现实为准,即使客观上只有发生结果的可能性,

---

❶ 参见:王新. 我国刑法中"明知"的含义和认定——基于刑事立法和司法解释的分析 [J]. 法制与社会发展,2013(1).

但行为人认识到结果发生的必然性，也应认定行为人认识到结果必然发生，反之亦然。● 这看似毫无破绽的说法却引起一些学者的批判。他们认为，尽管将认识程度中的"会发生"理解为"必然会发生"与"可能会发生"的本意不难理解，但却不十分准确。根据唯物主义辩证法的原理，与必然性相对应的是偶然性，与可能性相对应的是现实性，将属于不同范畴的"必然性"与"可能性"相并列是不合适的。但行为人对事物的认识与判断不可能完全脱离事物发展的必然性、偶然性、可能性、现实性规律而独立存在。所以，我们可以借助哲学中的基本概念来说明行为人的可能性或必然性认识。例如，行为人认识到危害结果必然发生，是因为他认识到行为发展的必然趋向，以及危害结果的发生由可能性向现实性转化的充分条件。然而，使用"必然发生"来表述行为人的主观认识程度往往难以自圆其说。必然性是指客观事物合乎规律的、确定不疑的发展趋势，其通常体现的是事物的发展规律。如果行为人主观上认识到自己的行为必然会发生危害社会的结果，但后来因为某种原因并未发生，则表明行为人对事物发展的必然性客观规律产生了错误的认识，行为人的主观认识与必然法相违背，此时要解决这前后矛盾的难题，只有重新回过头来否定行为人具有必然性认识，但这一做法本来就显得很荒唐。正是基于此原因，我国有些学者主张用主观色彩鲜明的"一定会"和"可能会"来代替"必然会"和"可能会"。他们认为，一定与可能比必然与可能更能反映行为人的主观认识状况，在犯罪事实实施完毕前，行为人对事实的认识只是一种估计或预判。

● 参见：高铭暄，马克昌. 刑法学［M］. 北京：北京大学出版社，高等教育出版社，2007：386.

明知自己的行为一定会发生危害社会的结果，是指行为人根据当时的特定情势，认识到事物发展的必然趋势，即认为事物的发展只有一种可能性——发生危害社会的结果。明知自己的行为可能会发生危害社会的结果，则是指行为人在认识到事物的发展存在各种趋向的基础上形成的判断，也就是说，行为人认识到事物的发展有多种可能性，危害社会的结果有可能发生，也有可能不发生。❶但也有学者主张，只要明确"必然性与可能性"不是客观事实而是一种主观上的判断就可以了，没有必要用别的词汇替代"必然性与可能性"。❷

如前所述，由于人类的认识能力具有局限性，不具备先知先觉能力也是自然之理。因此，我们不仅对行为人能认识到事物未来发展的必然趋势有所怀疑，而且更加质疑行为人能有效把握客观事物发展的必然进程。"刑法中的故意认识因素都是一种基于自己的认知能力而对未来事物发展方向的一种推测和判断"。❸在事物的发展呈现终局状态之前，任何人都不能对此作出确切的结论，只能在一定程度上对事物的发展作出预测和评估。所以，行为人对犯罪事实的认识只能是可能性认识而非必然性认识。有鉴于此，"明知……必然会"未能正确反映行为人主观认识的涵义和实质，因而有重新解释和改写的必要。因此，对于上述学者们主张的用"一定"和"可能"取代"必然"与"可能"的观点，笔者认可其解决问题的思

---

❶ 参见：姜伟. 罪过形式论［M］. 北京：北京大学出版社，2008：122. 也有学者指出"明知……必然性却放任发生"是一种不严谨的说法。参见：林亚刚. 对"明知必然发生而放任发生"的再认识［J］. 法学评论，1995（2）.

❷ 参见：陈兴良. 本体刑法学［M］. 北京：商务印书馆，2001：37（脚注）.

❸ 李兰英. 间接故意研究［M］. 武汉：武汉大学出版社，2006：50.

路，但认为在用词方面还有推敲的余地。我们不赞成用晦涩难懂的哲学名词代替刑法用语，但也主张应尽量避免因用词不当导致理论歧义。如果说"必然"这个词在一定程度上有点哲学品味的话，那么极具口语化的"一定"则离法学、哲学较远，显得通俗化。然而，"一定"仍显模糊，"一定"比"可能"在概率上高出多少也难以分辨。笔者主张，以"肯定"和"可能"来说明认识程度应该更确切。理由如下：第一，"肯定"一词形象地说明了行为人主观推测、预估程度，符合人的认识规律；第二，"肯定"主观色彩浓厚，并且与事物发展的客观规律相区分；第三，"肯定"能准确说明认识程度的层次性，肯定性认识仍是表明对未发生事物的推测或判断，只不过对行为人来说，其确信或判断程度比可能性要高。所以，在"必然"与"可能"、"一定"与"可能"、"肯定"与"可能"三种对认识程度的表达中，我们赞成用"肯定"与"可能"，三种表述在实质上无甚区别，只是"肯定"与"可能"在用语上更贴切而已。

二、对"明知必然（肯定）会发生……而放任发生"的新诠释

我国《刑法》第 14 条第 1 款规定："明知自己的行为会发生危害社会的结果，并且希望或放任危害结果发生，因而构成犯罪的，是故意犯罪。"其中，直接故意是指明知必然或可能会发生危害社会的结果，并希望危害结果发生的主观心理态度；间接故意是指明知

自己的行为可能会发生危害社会的结果，而持放任的心理态度。❶ 而对"明知必然（肯定）会发生……而放任发生"情形的故意形态的归属一直存在激烈的争论。行为人在明知其行为必然（肯定）会发生危害结果的情况下，仍然通过自己的行为去促使这种结果的发生，此时，行为人在主观心态上到底是直接故意还是间接故意？对这一问题，苏联著名刑法学家特拉伊宁曾经举出下面的例子加以说明："建筑工人们正在修建一座楼房，依万诺夫和谢敏诺夫两个工人同用一根粗麻绳系在十层楼的房顶旁的脚手架上工作。公民罗曼诺夫（依万诺夫的仇人）企图害死依万诺夫，为了这个目的而割断了捆着脚手架的绳索，结果依万诺夫和谢敏诺夫都掉下摔死了。"❷ 关于这个案例，特拉伊宁教授分析认为：对于谢敏诺夫的死亡，罗曼诺夫虽然不希望但却有意识地放任了死亡结果的发生。此时，谢敏诺夫的死亡不是可能的，而是不可避免的。因此，对于依万诺夫和谢敏诺夫的死亡，罗曼诺夫所持的都是直接故意的心理态度。所以，对只要不是希望发生、但有意识的放任发生的结果必然要发生，就很难再说是可能的故意。❸ 这一观点为我国刑法理论所继受，甚至成为一时通说，例如，我国通行教科书指出："行为人虽然不希望危害结果的发生，但明知结果必然发生，则仍是直接故意。"❹ 在通说内部又因具体论证理由不同，分为"无碍结果发生说"与"意识制约意

---

❶ 高铭暄，马克昌. 刑法学 ［M］. 北京：北京大学出版社，高等教育出版社，2007：392.
❷ 特拉伊宁. 犯罪构成的一般学说 ［M］. 王作富，等，译. 北京：中国人民大学出版社，1958：167.
❸ 特拉伊宁. 犯罪构成的一般学说 ［M］. 王作富，等，译. 北京：中国人民大学出版社，1958：167.
❹ 高铭暄. 刑法学（修订本）［M］. 北京：法律出版社，1984：149.

志说"。其中，"无碍结果发生说"认为，虽然行为人对必然会发生危害社会的结果持放任的心理，但这种放任的态度对危害结果的发生并无影响，在最终的结局上与明知必然会发生危害结果并希望其发生的情形毫无区别，所以，两者均为直接故意。而"意识制约意志说"认为放任的心理是以存在两者可选择的可能性为前提的，只有在具有可能发生与不可能发生的情况时，才能说是有成立放任的可能。因此，在明知必然会发生危害结果的情形下，行为人不可能存在放任的心理。❶ 仔细推敲上述两种学说，就会发现两说虽然在结论上趋于一致，但"无碍结果发生说"是在承认"明知必然（肯定）会发生……而放任发生"这种心理状态的基础上进行论证的，而"意识制约意志说"则否认此种心理状态的存在。与之不同的是，另外一些学者提出了截然相反的观点，他们认为此种心态应成立间接故意，并提出以下几点理由❷：一是从我国原有立法资料来看，曾经有过用可能性作为间接故意认识内容的尝试。例如，1954 年《刑法指导原则草案》第 2 条规定："明知自己的行为可能发生某种危害结果，并且有意识地放任这种结果的发生"。但现行法律在认识程度上并未区分直接故意和间接故意，"明知……会"应无差别地适用于犯罪故意的意志因素（希望或放任）。因此，"明知必然（肯定）会发生……而放任发生"应属于间接故意。二是通过认识程度的不同来区分直接故意与间接故意，不仅与法律区分罪过形式的意旨相背离，而且同时用两个标准来进行分类也不符合一般逻辑。三是直接故意说的论证理由不能正确地反映人的主观心理活动。虽然行为人

❶ 林亚刚. 对"明知必然发生而放任发生"的再认识 [J]. 法学评论，1995 (2).
❷ 陈兴良. 刑法哲学 [M]. 北京：中国政法大学出版社，2004：174 – 175.

对自己的行为必然（肯定）会发生危害社会的结果有所认识，但他在实施行为时可能并不希望危害结果的发生。在现实生活中也确实存在行为人为了追求某一结果的实现，而不得不承担接受附随结果的代价的情形。认识程度由认识能力决定，人的认识因素虽然影响意志倾向，但意志因素却是独立于认识因素而存在，其在人的心理活动中具有独立的作用，行为人在心理上作出一个可以容忍或勉强接受的决定与其认识程度无关，行为人对危害结果的情感态度决定其对危害结果所持的意志态度。因此，不能简单地以人的认识程度来推测他的意志态度，否则会影响对行为人主观心理的判断。

笔者认为，主张成立间接故意的前两个理由说服力不够。对于第一个理由，问题不在于法律是怎样规定，而在于不能机械地理解法律，不能仅从条文字面意思来理解法律，更何况我们完全可以在不违反罪刑法定原则的前提下对法律规定的同一词汇进行扩大或限制解释。至于第二个理由，并用两个标准进行分类的逻辑错误实际上并不存在，关键是如何正确区分直接故意与间接故意。值得重视的是第三个心理方面的理由，这里关键是讨论在行为人明知危害结果必然（肯定）发生的前提下，行为人在主观心理上是否还对结果的发生持放任的态度。前述理由只是从人的一般认识规律出发，得出人的认识程度不能决定人的意志倾向的结论。但这一命题只是相对正确，并不意味着是绝对真理。恩格斯曾言道："意志自由只是借助于对事物的认识来作出决定的那种能力。"❶ 具有意志自由的人的

---

❶ 恩格斯. 路德维斯·费尔巴哈和德国古典哲学的终结［M］. 北京：人民出版社，1992：38.

行动有着高度的能动性和自主性，但这种决定能力是以人对客观事物的认识为基础的。行为人为实现既定的目的而容忍另一危害结果发生的心理活动中，情感要素在促使行为人形成为达到目的而不顾其他结果的动机过程中具有重要的作用。但情感因素也同样是建立在对客观事物的认识之上，行为人对客观事物的认识程度越高，其对事物的情感体验就越强烈，在对事物不具有认识时，根本不可能影响行为人的意志决定。并且在特殊情形下，有时候人的认识程度恰好能制约意志倾向。例如，对于过于自信的过失，行为人的意志倾向只可能是明知结果可能发生而非明知结果必然发生。综上所述，我认为在明知结果必然（肯定）发生时，行为人不可能产生放任的意志，只有可能是对危害结果的发生持希望的态度，意志因素是以认识因素为基础，意志因素又限制认识因素的内容。放任作为听之任之、发生与否都不违背行为人意愿的心理态度，其必须是建立在发生结果与不发生结果两种可能性的基础之上。另外，在直接故意中，希望态度的强弱程度会有差异，此时不应将不是很迫切或强烈的希望态度认定为放任。从实质上讲，认识到结果必然（肯定）发生却仍然实施该行为，说明其主观恶性和非难可能性严重，将其归入直接故意也是理所当然的。

第四节　认识程度的界分

一、预见可能性问题

我国《刑法》第15条第1款规定："应当预见自己的行为会发

生危害社会的结果，因为疏忽大意而没有预见，或者已经预见而轻信能够避免，以致发生这种结果的，是过失犯罪。"根据这一规定，结果预见可能性是过失的成立条件，没有结果预见可能性，也就谈不上"应当预见结果发生"或"预见结果发生以后应当采取措施加以避免"，对于预见可能性的问题，学界对其对象、程度、内容等有不同的见解。

（一）预见可能性的程度和内容

关于预见可能性的程度，存在具体的预见可能性说和危惧感说两种不同的观点。

具体的预见可能性说是现在大陆法系的通说，无论是旧过失论者还是新过失论者都持这种观点。这是因为，对旧过失论而言，旧过失论以结果预见义务为核心，预见可能性同过失的成立紧密相连。因此，它对预见可能性的内容和程度都提出了高度的要求。虽然不要求对因果系列的具体细节有预见可能性，但至少要对结果有相当程度的具体的预见。新过失论立足于结果避免义务说，虽然预见可能性只具有为选择结果避免措施而提供标准的机能，但如果不以结果的具体的预见可能性为前提的话，就无法决定应当采取什么样的结果避免措施。

危惧感说是新新过失论的观点。它认为："成立预见可能性，不需要以对导致结果发生的具体的因果经过的预见为必要，只要达到一般人有某种结果可能发生的具体的危惧感就够了。"❶ 但现在一般

---

❶ 藤木英雄. 刑法总论讲义［M］. 东京：弘文堂，1975：240.

认为这种观点违背了责任主义的要求。

（二）预见可能性的对象

过失犯中的预见可能性的对象与故意犯一样，指的是"犯罪构成要件事实"，即包括结果本身以及行为与结果之间的因果关系。

关于结果的预见可能性，与故意犯一样，过失犯虽然不要求对结果的详细形态有精确的认识，但对结果的发生本身必须有认识。问题在于，这种认识涉及具体性对象时，是仅包括实际的认识，还是也包括可能性认识。例如，被告人鲁莽驾车除了造成坐在副驾驶的人受伤外，还造成在被告人并不知情的情况下自己爬进后车厢的两人的死亡。对此案，日本的法院认为"对被告人而言，当然应当认识到自己鲁莽驾车的行为有可能会造成伴有人员死伤的事故，因此即使被告人对于自己的后车厢内前述的两人乘车的事实没有认识，也不妨碍其构成针对这两人的业务上过失致死伤罪。"❶ 不过，对此也有不少学者认为法院基于法定符合说得出了上述结论，它的结论与危惧感说实质上没有区别。❷ 而从具体的符合说的立场来看，必须对被侵害的对象有具体的预见可能性。

（三）预见可能性的判断标准

关于预见可能性的判断标准，基本上存在主观说、客观说、折

---

❶ 最高裁判所 1989 年 3 月 14 日《最高裁判所刑事判例集》第 43 卷第 3 号，第 262 页。

❷ 山口厚. 刑法总论（第 2 版）[M]. 东京：有斐阁，2007：235.

中说和能力区别说四种观点。❶

主观说立足于道义责任论，认为应以行为人本人的能力为准，这是一种彻底贯彻行为责任主义的学说。主观说面临的最大问题在于如果行为人的能力超出普通人应该如何处理。对此，有主观说的学者主张："在通常人不能预见而行为人有预见可能的场合，由于法律一般是以通常人为对象加以制定的，因而应当认为这种情况下不能施加法的非难。"❷

客观说立足于社会责任论，认为应当以一般人的能力为标准。客观说主要为新派学者所主张，其基本理由是基于社会防卫的必要，没有达到通常人能力的人因为对社会存在危险所以应受处罚。客观说的最大问题在于强人所难，不符合责任主义的原则，因而伴随新派的衰落，现在已经没有支持者。

折中说试图调和主观说和客观说，但其内部又有非常复杂的不同学说，大致而言有以下几种观点：❸ 第一种观点主张，以一般人的能力为上限，如果行为人的能力低于一般人，则以其本人的能力为标准。第二种观点认为，注意义务的内容应按照各种生活领域客观地加以确定，例如，医生的注意义务，汽车驾驶员的注意义务等，成文法基本都有规定，从而形成过失的认定标准。但在具体判断时还必须考虑行为人能否遵守这些规则，诸如身体残疾、色盲、近视等肉体缺陷、知识缺乏等精神问题乃至疲劳、不快、兴奋等心理因素都可能使行为人缺乏预见能力。第三种观点认为，关于认知的能

❶ 参见：陈家林. 外国刑法通论［M］. 北京：中国人民公安大学出版社，2009：316.

❷ 浅田和茂. 刑法总论（补正版）［M］. 东京：成文堂，2007：342.

❸ 松原芳博著，刑法总论重要问题［M］. 王昭武，译. 北京：中国政法大学出版社，2014：198.

力以行为人为标准，而注意的程度则按照客观标准。第四种观点认为，构成要件的过失是以平均人为标准的客观的过失，而责任过失则是以行为人本人为标准的主观的过失。

能力区别说则对预见能力作出分类，认为生理方面（疲劳、醉酒、兴奋、近视等）适用主观的标准，而规范心理方面（轻率性）适用客观的标准。❶

二、直接故意与间接故意认识因素的比较

直接故意与间接故意在认识因素方面是否存在差异，除各国、各地区法律规定有较大的不同外，学者们之间的看法也是分歧很大。我国台湾地区的"刑法"对故意的认识因素有着比较明确的规定，如台湾地区"刑法"第 13 条规定："行为人对于构成要件事实，明知并有意使其发生者，为故意。行为人对于构成要件之事实，预见其发生而其发生并不违背本意者，以故意论。"法条的前半段被认为是对直接故意的规定，而后半段则是对间接故意的规定，两者认识因素在名词上分别用"明知"和"预见"来表述。也有一些国家的刑法没有体现出两种故意类型的认识因素上的差异。例如，奥地利《刑法》第 5 条第 1 款指出："行为人有意实现法定构成事实或者明知其可能实现而予以认许者，为故意。"《罗马尼亚刑法典》第 19 条也规定："预见到行为的结果，虽不追求其发生，却接受了该结果的可能性，为故意。"但根据我国《刑法》对犯罪故意概念的表述，

---

❶ 黄荣坚. 基础刑法学［M］. 北京：元照出版公司，2012：421.

直接故意和间接故意在认识程度上并未有所区分，据有关学者调查，我国《刑法（草案）》曾经考虑把"明知自己的行为可能发生某种危害结果，并且有意识地放任这种结果作为是故意的一种。"❶ 虽然该规定没有最终出台的原因无从知晓，但这是否能表明立法的初衷就是要把直接故意和间接故意的认识因素区分开来，不管当时的想法怎样，不是很明确的规定为以后的争论埋下了伏笔。

　　直接故意和间接故意在认识因素方面的差异主要是围绕对"明知会"的不同理解。有的学者明确指出："人的认识自己行为能力与控制自己行为能力是能否承担刑事责任的基础。如果否定行为人的认识程度有区别，从而否认认识能力的高低，必然导致主观恶性失去判断根据。否认直接故意与间接故意在认识因素上的差别，也就同时否认了有认识过失与疏忽大意过失的界限。"❷ 这种观点显然是支持直接故意与间接故意在认识因素上具有差别的观点。根据行为人的认识程度，直接故意可以分为两种形式：一种是行为人明知自己的行为一定（必然）会发生危害结果而希望这种结果的发生。例如，某甲撬门进入某仓库，意图盗窃公私财物，就是这种希望"肯定性"结果发生的情形。另一种是行为人预见自己的行为可能会发生危害结果而希望这种结果发生。例如，某乙欲杀仇人某丙，在较远距离射击，某乙认为自己可能击中某丙，也可能不中某丙，但他希望打死某丙，这就是希望"可能性"结果发生的情形。而间接故意的认识因素则是指，行为人明知自己的行为会发生危害社会的结果，其不仅包括对危害结果一定（必然）会发生的认识，也

　　❶ 参见：姜伟. 犯罪故意与犯罪过失 [M]. 北京：群众出版社，1992：167.
　　❷ 参见：李兰英. 间接故意研究 [M]. 武汉：武汉大学出版社，2006：113.

包括对危害结果可能会发生的认识。前者如某甲为泄私愤而制作爆炸装置，欲炸死村长。某天 20 时许，某甲潜入村长家，见村长正与邻居某乙聊天，为炸死村长，某甲不顾某乙的死亡，坚持引爆，放任了某乙死亡的结果。对于村长的死，某甲固然是直接故意，而对某乙之死，某甲则是间接故意，而且是在明知某乙一定会与村长同时死亡的前提下放任的结果。后者如张三在杀妻投毒时，认识到其儿子或许会吃有毒的饭，但仍然投毒，放任儿子可能会死亡的结果。不过，张三对其儿子是否死亡还处于不确定的状态。这一类间接故意较为常见。另一种是放任的意志，指行为人为了某种利益，而甘愿冒发生某种危害结果的风险的心理状态。放任的意志具有明显的依附性，即依附于一定的主意志。

　　总之，认识因素中的认识内容包括了对危害行为与危害结果的认识，而认识程度的表达就是"明知会发生"，包括肯定发生和可能发生，"肯定"其实就是高度或极大的可能，而"可能"又可以划分为"较大的可能"和"较小的可能"，这些区别反映出行为人所认识到的行为与结果在程度上的不同。就行为人来说，认识到什么程度取决于行为人的认知能力，而到底采取放任还是希望的态度，则反映了他的主观恶性程度，一旦认识程度与意欲程度结合，尤其是高认识程度与强烈的意欲程度相结合，那么，行为人的主观恶性程度就达到了极为恶劣的地步。因此，肯定性认识程度与较弱的放任意欲程度相结合，到底归属于直接故意还是间接故意，取决于学理的解释和立法、司法的认同，并不存在逻辑关系的重大瑕疵。

三、有认识的过失与间接故意认识因素的比较

根据我国传统刑法理论，过失按照认识因素和意志因素的不同可分为疏忽大意的过失和过于自信的过失。有认识的过失在我国是指过于自信的过失，我国《刑法》第15条对过于自信的过失作出了规定："应当预见自己的行为可能会发生危害社会的结果，已经预见而轻信能够避免。"一般认为，过于自信的过失的认识因素是"已经预见到危害结果的发生"，与故意的认识因素"明知会"相同，有认识的过失也包含认知和推断两层含义。其正确的表述应为："已经预见到危害结果有可能发生，但行为人轻信结果不会发生"。我国学者在解释"轻信"时曾指出："所谓轻信就是指行为人过高的估计了可以避免结果发生的自身条件和客观有利因素，过低的估计了自己的行为导致结果发生的可能性。是自己认为凭借各种有利条件，这种结果不会真的发生。"❶ 对于过于自信的认识因素，有学者曾引用美国经典电影《大象》的台词来予以说明："就像大象出现在了起居室，人们要假装它不可能在那儿，要么以为它不是真的大象。"❷ 可以看出，过于自信过失的特点就是"虽然看见但不相信"，这也是其之所以比间接故意处罚要轻的原因。

我国《刑法》规定，间接故意的认识因素是"明知会（可能会）"，而过于自信的过失的认识因素为"预见"。"明知"和"预见"的内涵到底是什么？对此问题，我国台湾地区学者曾有过形象

---

❶ 参见：林亚刚. 犯罪过失研究 [M]. 武汉：武汉大学出版社，2000：233.

❷ 参见：李兰英. 间接故意研究 [M]. 武汉：武汉大学出版社，2006：157.

的解释："认识之程度有深浅，其深者谓之明知，其浅者谓之预见。例如，认识虎咬人为明知，认识犬咬人为预见。盖虎咬人，为必；犬咬人为未必也。"❶ 这说明在认识程度上"明知"与"预见"存在明显差距，不能将两者相混同。尽管过于自信的过失与间接故意对危害结果都存在一定程度的认识，而且有时可能认识内容具有一致性，但两者在认识程度上确实存在差异。两者之间的差异具体体现在，间接故意对危害结果由可能性转化为现实性具有比较正确的认识和判断，而过于自信的过失对危害结果的可能性转化为现实性则缺乏正确的认识和判断，行为人只是凭借有利的主客观条件轻信结果不会发生。如前所述，认识因素内部可分为认知和判断两个层次。在认知层面，间接故意与过于自信的过失是一致的，都是指外部的客观事物在人的头脑中的反映。但行为人在此时却凭借自身技术、外在环境等主客观有利条件轻信危害结果不会发生，行为人对是否可能发生危害结果产生判断错误，其虽预见到危害结果可能发生，但其却轻信这一可能性不会转化为现实，最终危害结果的发生是违反行为人的意志期待的。而对持间接故意心态的行为人来说，同过于自信的过失一样也是已经预见到危害结果可能发生，但行为人却对危害结果的发生持放任态度，其对危害结果的发生抱有漠不关心的态度。这就是说过于自信的过失是行为人基于错误的判断而为之，间接故意却是行为人出于正确判断而为之。两者在认识因素上的区别主要在于认识程度上的偏差。从另一个角度来思考，间接故意是行为人明知自己的行为可能会发生危害社会的结果，其对导致结果

---

❶ 参见：郑健才. 刑法总则 [M]. 台北：台湾三民书局，1985：92.

发生的各种主客观条件都有清楚的认识，行为人对行为性质的错误认识并不是成立间接故意的必要条件。在过于自信的过失中，尽管行为人已经预见到可能会发生危害社会的结果，也就是说行为人对发生危害结果的各种条件已经有了认识，之所以在认识的基础上还要执意实施行为，是因为行为人高估了自身条件和外在环境的作用，从而轻信危害结果不会发生，所以，过于自信的过失是在行为人对自己的行为性质认识错误时才成立的。

需要特别提出的是，国内外有部分学者主张间接故意和有认识的过失在对犯罪构成要件事实的发生的认识上一致，两者不同之处只是在于是否确信结果会发生，但在具体的论证理由上稍显欠缺。例如，在谈到间接故意与有认识的过失在认识因素上的区别时，我国学者曾指出："第一，认识的假定性与认识的实际可能性区别；第二，认识的模糊性与认识的肯定性的区别；第三，认识的否定性与危害结果可能发生的区别。"❶ 还有学者引入英美法系中的轻率过失的概念，将过失分为轻率过失和疏忽过失两种类型，轻率过失属于有认识的过失，在认识程度上，轻率过失与间接故意都属于可能性认识，但间接故意是一种对现实可能性的认识，而轻率过失则是对假定可能性（抽象可能性）的认识，两者在认识程度上存在明显的不同。❷ 上述的分析只是停留在表面，行为人之所以相信不会发生危害社会的结果，主要是因为行为人在综合考虑所有主客观条件、仔细权衡利弊后才作出的判断。既然这是一个事实性判断，当然就应该具有一个假设性前提，并非有认识的过失所独有。认识的肯定与

---

❶ 参见：姜伟. 罪过形式论 [M]. 北京：北京大学出版社，2008：334 – 335.
❷ 参见：陈兴良. 本体刑法学 [M]. 北京：商务印书馆，2001：363.

模糊，相当于镜子反射的模糊与清晰，无论是有认识的过失还是间接故意，认识内容没有什么区别，因为都看到了危害结果发生的可能性，但经过大脑的加工和思考，判断结果却出现了差异。❶ 对于另一位学者以假定可能性（抽象可能性）和现实可能性这种哲学上的概念来区分间接故意和有认识过失的认识因素，笔者也不赞同。原因并非在于假定可能性与现实可能性这种概念难以把握和理解，而是因为根据通常的理解，有认识的过失在认识危害结果发生时，行为人的认识既包括现实可能性，也包括抽象可能性。例如，某长途汽车司机仗着自己良好的驾车技术和近二十年的驾车经验，在明知所驾驶的汽车刹车不灵的情况下仍然强行出车，这就是已经预见到了结果发生的抽象可能性。但如果是这位司机在驾驶汽车的过程中，在前面突然出现行人的情况下，意识到自己的刹车不灵，但他此时仍然选择相信自己的驾驶技术和经验，这就是预见到结果发生的现实可能性，所以，以此作为间接故意与有认识的过失在认识因素上的区别，并不能很好地反映问题的本质。

---

❶ 参见：李兰英. 间接故意研究［M］. 武汉：武汉大学出版社，2006：177 - 178.

第五章

认识因素的认定

长期以来，对行为人主观内心要素的认定或证明一直是刑事司法领域中的一个难题，问题的焦点往往集中在行为人故意或过失这种主观心理态度的认定上。因内心主观要素具有主观性、不可捉摸性，加上行为人由于与案件有着利害关系，通常对自己的内心世界不置可否、闪烁其词，这样就更加增大了证明的难度。一旦行为人以此作为抗辩理由，缺乏适当证明手段的控方有时会束手无策、难以应付。例如，"毒品犯罪案件中要求检察机关证明行为人明知其走私、贩卖、运输、制造的是毒品，而这在没有被告人供述的情形下是相当困难的。例如，昆明市人民检察院每年受理、审查、起诉的毒品犯罪案数量很多，但有相当大一部分案件因为证据不足而作存疑不起诉处理，而这些不起诉的案件中绝大多数是属于虽然查获了毒品但犯罪嫌疑人主观明知无法证实的情形"。❶ 本书拟对故意心理态度中的认识因素的认定问题，结合相关法律规定，从实体法和程序法相结合的角度予以讨论，以期对建立刑事司法中行为人主观构成要素的认定证明体系有所裨益。

第一节　认识因素的认定概述

一、认识因素认定的概念

所谓对认识因素的认定，是指司法机关通过相关证据材料或一

---

❶ 吴丹红. 犯罪主观要件的证明——程序法和实体法上的一个连接 [J]. 中国刑事法杂志，2010（2）.

197

第五章　认识因素的认定

定的方法对行为人对案件事实是否认知的判断和确定，是一种人们对客观案件事实的证明过程。故意是对构成要件事实的认识与决意，构成要件具有故意规制机能与违法推定机能，犯罪故意的认识内容根据其构成要件的要求都是特定的、具体的，从这个意义上讲，认识因素的认定在诉讼中应不是一件难事，然而，头脑中的想象却与现实有着天壤之别，关于行为人主观认识内容的认定历来是刑事司法中的难题。纵观人类刑事司法活动史，先人们曾用"神明裁判""司法决斗""宣读誓言"等方式对行为人的主观认识内容予以认定。例如，在法制史上享有盛誉的《汉谟拉比法典》第 206 条规定："倘若自由民在争执中殴打自由民而使之受伤，则此自由民应发誓云：吾非故意殴之，并赔偿医药费。"我国古代也存在"春秋决狱"的做法，即运用儒家经典来认定行为人的主观认识内容。在现代刑事诉讼中，随着"证据裁判""自由心证"等规则的确立，对行为人故意认识内容的认定在一定程度上取决于司法人员的内心确信。根据我国《刑法》第 14 条的规定："明知自己的行为会发生危害社会的结果，并且希望或者放任危害结果的发生，因而构成犯罪的，是故意犯罪。"从该条对故意的定义式规定可以看出，对行为人认识因素的认定就是对其是否对构成要件事实具有明知的认定。我国《刑法》采取的是实质的故意概念，故意不仅是简单的心理活动，更包含规范评价内容，认识因素包含事实性认识与违法性认识。相应的，要认定行为人是否具有故意，须对其事实性认识与违法性认识分别予以认定。作为司法机关主动行使职权的司法活动，在对行为人认识因素的认定过程中，控方应对行为人的认识内容负证明责任。

二、认定过程中应注意的几个问题

(一) 认识因素具有客观性特质

人的认识是一个主观见之于客观的活动，辩证唯物主义认为，认识是人脑对客观事物的反映，认识不能脱离客观实际而存在，内容的客观性决定了认识因素的可认识性及认识途径。心理学认为："目的不是想出来的，不是由主体随意提出来的，它们是由客观情况所提供的。同时，选出和意识到目的，绝不是自动进行的，也不是一瞬间的行为，而是由动作对目的进行尝试和对目的作具体补充的一个相当长的过程。"❶ 既然认识因素以客观事物为其内容，并通过客观活动实现其所认识的内容，所以，行为人的客观外在活动必然反映其主观认识内容。因此，从外在客观情形出发，分析行为人的主观认识心理，是认定认识因素的主要方法。例如，行为人用枪瞄准被害人头部射击，这一行为足以证明行为人对杀害他人的事实具有认识。另外，认识因素本身也具有客观性的品质，虽说认识作为行为人的一种主观心理活动，具有不可捉摸性、模糊性等特点，但对司法工作人员来说，行为人的认识却是一种客观存在，认识因素一经确立便不以行为人的意志为转移。因此，认识因素确定性和客观性的特点是其能被认定的前提。

---

❶ 参见：列昂捷夫. 活动、意识、个性 [M]. 李沂，等，译. 上海：上海译文出版社，1980：71.

（二）认识因素必须体现在具体行为上

犯罪的核心是行为，行为人承担刑事责任的主要根据并不在于其主观恶性或人身危险性，而是在于其在应受谴责的主观心理指导下实施的危害社会的行为。"除了行为的内容和形式以外，试问还有什么标准来衡量意图呢？"❶ 如果行为人只对危害社会的行为具有认识，根本没有打算实施这种行为，此时行为人的认识充其量只是其主观意图的组成部分，绝对不是刑法意义上的认识因素。这是因为刑法的调整对象是行为而不是主观意图，对客观事物单纯的认识不可能给社会造成危害。认识因素和危害行为这种紧密的关系也在另一个侧面证实了客观行为是主观心理的根据这一观点的正确性。

（三）认真正确对待行为人的口供

行为人是犯罪行为的直接参与者与利益攸关人，其个人口供对于案件真实情况的认定具有重要作用，所以，我们应对行为人的这种供述或辩解予以重视。但在刑事司法实践中，由于行为人与案件事实有着切身的利益关系，其在诉讼过程中往往隐瞒自己内心的真实想法，不愿说出实施行为时的真实心理。如果已有客观证据还不能证明行为人的主观心态，为查明案件的真实情形，司法工作人员只能极力追求行为人的口供，这也间接导致了实践中刑讯逼供的盛行和冤假错案的产生。因此，我们不能单凭口供来认定或证明行为人的真实心理态度。这时，行为人的客观外在活动和正确的认定方

---

❶ 马克思恩格斯全集（第 1 卷）［M］. 北京：人民出版社，1956：138.

法便会有助于我们对认识因素的认定。我国《刑事诉讼法》第 53 条规定："对一切案件的判处都要重证据，重调查研究，不轻信口供。"这就要求我们重视客观证据的作用，全面地、认真地、仔细地调查研究，客观分析行为人外在行为的各个方面，这样就能够透过客观认识主观，查明行为人实施行为时的真实认识内容，确保对行为人定罪量刑的准确性。

第二节　事实性认识的认定

事实性认识是指对犯罪构成要件事实的认识，在我国刑法语境中主要用"明知"这个词汇对其进行概括。因此，在司法实践中认定行为人事实性认识就是对明知的认定。明知作为在我国法律中使用频率较高的描述行为人主观认识的词语，一直以来都是理论与实务界争论的焦点，为正确理解其含义并有效指导司法实践，有关配套司法解释也对明知的内容及其认定进行了说明。例如，最高人民法院、最高人民检察院、海关总署于 2002 年 7 月 8 日公布的《关于办理走私刑事案件适用法律若干问题的意见》第 5 条第 2 款规定："走私主观故意中的'明知'是指行为人知道或者应当知道所从事的行为是走私行为。具有下列情形之一的，可以认定为'明知'，但有证据证明确属被蒙骗的除外：（一）逃避海关监管，运输、携带、邮寄国家禁止进出境的货物、物品的；（二）用特制的设备或者运输工具走私货物、物品的；（三）未经海关同意，在非设关的码头、海（河）岸、陆路边境等地点，运输（驳载）、收购或者贩卖非法进出境货物、物

品的；（四）提供虚假的合同、发票、证明等商业单证委托他人办理
通关手续的；（五）以明显低于货物正常进（出）口的应缴税额委托
他人代理进（出）口业务的；（六）曾因同一种走私行为受过刑事处
罚或行政处罚的；（七）其他有证据证明的情形。"通过这一有代表性
的司法解释可以看出，为了正确认定明知这一主观要素，立法者将明
知界定为"知道"或"应当知道"，并对相关的基础事实用列举的方
式予以详细规定，从立法技术上确保了法律条文在实践中具有可操作
性。根据有关学者的看法，从认定的角度来讲，对"知道"的认定可
称为"证明的明知"，对"应当知道"的认定可称为"推定的明
知"。❶ 笔者对此观点深以为然，下文将分别对"证明的明知"与
"推定的明知"加以探讨。

一、证明的明知

所谓证明的明知是指通过一定的客观证据材料来证明或认定行
为人是否知晓案件事实。具体来讲，是指运用物证、书证、证人证
言、被告人的供述或辩解等证据形成有效的证据链条，来判断或确
定行为人的真实认识心理。根据我国《刑事诉讼法》第 50 条规定：
"审判人员、检察人员、侦查人员必须依照法定程序，收集能够证实
犯罪嫌疑人、被告人有罪或者无罪、犯罪情节轻重的各种证据。"以
及最高人民法院《关于执行〈中华人民共和国刑事诉讼法〉若干问
题的解释》第 52 条："需要运用证据证明的案件事实包括：

---

❶ 皮勇，黄琰. 论刑法中的"应当知道"——兼论刑法边界的扩张 [J]. 法学评
论，2012（1）.

（一）被告人的身份；（二）被指控的犯罪行为是否存在；（三）被指控的行为是否为被告人所实施；（四）被告人有无罪过，行为的动机与目的；（五）实施行为的时间、地点、手段、后果以及其他情节；（六）被告人的责任以及与其他同案人的关系；（七）被告人的行为是否构成犯罪，有无法定或者酌定从重、从轻、减轻处罚以及免除处罚其他情节；（八）其他与定罪量刑有关的事实。"在对行为人是否明知予以认定的诉讼过程中，司法工作人员通过对收集的证据进行分析或审判，运用推论建立起证据与待证事实之间的联系，在观念中把握证据信息，并通过自己的逻辑经验和日常认知方法来自由评断，从而重建或再现已经发生过的事实。在认定过程中主要由控方承担举证责任。从上述论述可以看出，证明的明知关键在于证据的运用，对其的认定是科学系统地通过证据进行逻辑推理的结果。因此，证据的运用必须遵循一定的原则。一是客观性原则，对明知的认定必须建立在客观事实的基础之上，而非司法工作人员主观臆想的结果，用于认定的证据材料必须符合证据的基本要求。二是一致性原则，用于证明的证据材料彼此之间必须一致，不能出现相互矛盾或对立的情形，只有这样才能准确真实地认定行为人的实际认识心理。三是排他性原则，通过证据认定的事实必须达到排他性的效果，也就是说不能出现两种不同的结论。这既是客观证明的要求，也是对抗被告人辩解的需要。

既然认识因素以客观事物为其内容，并通过客观活动实现其所认识的内容，那么行为人的客观外在活动必然反映其主观认识内容。因此，从外在客观情形出发，分析行为人的主观认识心理，是认定认识因素的主要方法。在行为人的客观活动中，行为是最重要的要素。犯罪活动千差万别，主要是因为行为具有多样性，多样性的行为必然反映行为人不同的心理状态。因此，我们在认定行为人的认识因素束手无策时，通过行为人的行为来认定是一个不错的选择。笔者在这里着重强调行为对认定认识因素的意义，行为要素的各个侧面如行为方式、行为对象、行为条件等对认定行为人的主观心理有着重要的影响。

1. 行为方式对认定明知的影响

行为方式是指行为人在实施行为时所选择的手段、步骤、形式等。伟大的革命导师马克思曾言道："手段既是不正当的，目的也就是不正当的。"❶ 行为人的主观认识影响其行为方式，行为方式的实施又反过来促进行为人主观认识内容的实现。可以说行为方式是最能体现行为人明知内容的要素，行为方式不同，行为人的主观认识必然有差异。对于实践中常发生的故意杀人与故意伤害致死、故意杀人未遂与故意伤害行为的主观罪过的区分问题，在对上述行为的主观心理予以认定时，切记不能认为只要危害结果发生，行为人就应承担重罪的故意，也不能盲目听信行为人的供述或辩解，而应实事求是地对其行为方式加以分析，尽可能真实地还原行为人的主观心理。一是应注意行为人侵害或打击的部位。如果行为人出于杀人的故意，认识到其行为是在导致他人死亡的结果发生，一般会选择直接打击行为人的要害致命部位，如大脑、腹部等足以致人死亡的部位。而如果其行为的指向是手臂、腿部这些非致命的地方，就应认为行为人没有认识到行为会致人死亡。二是关注行为的手段，如

---

❶ 马克思恩格斯全集（第1卷）[M]．北京：人民出版社，1956：74.

果行为人是使用刀枪等杀伤力大的凶器，这在一定程度上反映了行为人对他人死亡结果的认识。三是分析量化打击的强度。行为人对目标的打击强度通常能说明其主观心理过程。如果行为人疯狂地、毫无顾忌地对被害人进行打击，很难让人相信其行为只是"教训"被害人。相反，若行为人实施行为时患得患失、对自己行为的强度在把握上有所保留的话，就能够说明行为人并不想致人于死地。当然，对行为方式的考察都是在对上述因素加以通盘考虑分析的结果。下面设想一个案例来加深对行为方式影响认识因素的理解。例如，甲是当地小有名气的小流氓，一日在街上闲逛之时因言语不和与行人乙发生口角，继而怒不可遏大打出手。在双方打斗纠缠过程中，甲掏出随身携带的匕首对乙的腹部、胸膛连刺几刀。这时围观的群众劝甲不要将事情闹大，应该见好就收。但甲因冲昏头脑，又接着对躺在地上的乙背部刺了几刀后扬长而去，事后乙因抢救及时而幸免于难。甲基于寻衅滋事的心理，用匕首将乙扎伤，但在乙倒地后仍向其背部刺数刀，并且甲都是对乙的致命部位予以伤害。因此，很难说甲没有认识到自己的行为会出现致人死亡的结果。甲应承担故意杀人（未遂）的刑事责任。

2. 行为对象对认定明知的影响

行为对象作为犯罪构成要素，是行为人必须认识到的内容。"对象不同，作用于这些对象的行为也就不同，因而意图就不一样。"❶在现实生活中，因行为对象有着不同的自然属性和社会属性，其背后所体现的保护法益也不相同，对行为对象的认识不同，行为人的

---

❶ 马克思恩格斯全集（第1卷）[M]. 北京：人民出版社，1956：74.

主观心理就不同。例如，虽说盗窃行为在法律上都是指将他人占有的财物以平和的方式转移给自己或第三人占有。但行为人对盗窃物品的认识不同，所构成的盗窃故意也就不同。如甲盗窃他人名贵汽车上的零部件，假设甲认识到所盗窃的是经济价值并不高，但对行车安全有着重大影响的零部件，那么甲有可能构成破坏交通工具罪的故意。若甲认识到盗窃的是无关行车安全，但属于较名贵的物品，就有可能具备一般盗窃罪的故意。

3. 行为条件对认定明知的影响

行为条件是指行为人实施行为时的时间、地点、现场环境、行为人的一贯表现等。在一些比较隐蔽的犯罪场合或行为人的行为有着多重理解的情况下，可以试着用行为条件来认定行为人的主观认识。例如，对于强奸未遂与试探性通奸未果，从行为实质上看，两者并无太大差别。但行为人是否对强奸行为具有认识，这对区分罪与非罪意义重大。因此，可以通过对行为条件的分析来查清事实真相。例如，妇女甲一贯生活作风问题严重，其与乙男关系要好，平时两人间打闹嬉戏、开玩笑等也无所顾忌。一日早上在嬉闹过程中，乙将甲带到房间，随后将甲推倒在床上亲吻并动手解开乙的衣裤。刚开始甲以为只是像平常一样的两人疯玩，但随后见情势不对，推开乙后夺门而出，事后报警控告乙强奸。不可否认的是，乙男确实是想与甲女发生性关系，并且使用了一定程度的暴力，但是定案不能光凭甲女的一面之词。我们应对案件进行全面分析，应认识到乙实施行为是在以下条件下进行的：一是甲与乙关系要好，平常嬉闹就是如此；二是行为时间在早上，左右邻居都在家，并且乙家门窗都未关，所以乙男并无强奸的故意，其并没认识到自己是在实施强奸行为，而只认为是在不违背甲女意志的情形下同其通奸而已，所以乙男不构成强奸未遂。

另一个值得讨论并对认定行为人明知具有关键意义的要素是行为人的认识能力问题。所谓刑法意义上的认识能力，"是指行为人应该并且能够认识实际情况的主体条件"。❶ 行为人没有认识能力，其便无法认识自己的性质与法律后果。人的认识都是其认识能力的体现。"法律不会强人所难"，法律规范不会要求行为人做超出其能力范围之外的事情。通常认为，具有刑事责任能力的人一般都有一定的认识能力。但因不同的人具有不同的成长环境、社会经验、知识积累、财富地位等。因此，不同的人有着不同的认识能力，甚至在相同条件下，不同的人对同一事物也有着不同的认识。于是，怎样判断行为人的认识能力就成了一个问题。这一问题目前学界鲜有论及，笔者认为可借鉴过失犯中的对预见能力的判断原则来解决这一问题。所以对行为人认识能力的判断也主要存在客观说、主观说、折中说三种观点。❷

1. 客观说

又称一般标准说或抽象说，主张以社会一般人的标准来判断行为人的认识能力，至于行为人自身具体认识情况则在所不问。社会一般人能认识到的，行为人也应认识到。例如，苏联学者曾指出："凡是具有向一切人同样提出要求的、一定的、中等的对周围人利益、国家利益或者公共利益的关心程度之人能够预见所发生的后果

❶ 姜伟. 罪过形式论［M］. 北京：北京大学出版社，2008：218.
❷ 张明楷. 刑法学［M］. 4 版. 北京：法律出版社，2012：265.

的话，那么，就承认某人也有预见后果发生的可能；如果牵涉到需要一定专门的知识的部门，那么，凡是具备该项职业之普遍的和正常的熟练程度之人能预见这些后果的话，就承认某人也有预见后果发生的可能"。❶ 然而，客观说完全不考虑行为人自身实际，无视人与人之间认识能力的差别，现在已经很少有人主张。

2. 主观说

又称个人标准说或具体说，主张以行为人自身认识状况来认定认识能力。如果行为人本身的认识水平能对客观事实有预见，那么行为人就具有认识能力，反之亦然。例如，我国学者指出："行为人能防止结果发生与否，不能以社会一般人或富于常识之人为标准，应以行为人本人之标准来确定"。❷ 主观说面临的最大问题在于没有对行为人的认识能力超出一般人时应怎样处理作出解释。

3. 折中说

折中说试图调和主观说与客观说之间的矛盾，对两者进行全面综合的考虑。折中说的内部还存在着不同的表述，有人认为，如果行为人的认识能力低于一般人的认识能力，此时应采取主观说。只有在行为人的认识能力高于通常人的认识能力时，才采取客观说。

行为人的认识能力固然是其自身对客观事物的认识状态，但司法工作人员在认定其认识能力时是站在一个完全不同的角度来看的。本书认为，在认定行为人的认识能力时，首先，应分析考察行为人所属的一般人的认识状态。如果行为人为公务员，就应考察公务员

❶ 转引自：姜伟. 罪过形式论 [M]. 北京：北京大学出版社，2008：220.
❷ 王觐. 中华刑法论 [M]. 北京：北京朝阳学院，1933：284.

是否能够认识；如果行为人是律师，就应考察律师在同样情况下是否能够认识。诸如此类。其次，再来认定行为人的认识能力是高于一般人还是低于一般人。如果是一般人能够认识，但行为人的认识水平低于一般人，则应认为其不具有认识能力。相反，一般人能够认识，而行为人的认识水平高于一般人，那么应认为其具有认识能力。也就是说，本书主张以主观说为基础，参考客观说和折中说。

二、推定的明知

（一）"应当知道"的刑法含义

现在，"明知"与"应当知道"的踪迹在我国《刑法》和相关司法解释中不难寻觅。据有关学者考证，我国最早于 1997 年《刑法》第 219 条有关侵犯商业秘密罪的规定中使用"应当知道"这一法律术语。❶ 该条第 2 款规定："明知或者应知前款所列行为，获取、使用或者披露他人的商业秘密的，以侵犯商业秘密论。"条文中使用的术语"应知"确切的讲就是"应当知道"，"明知"与"应知"在结构关系上为并列关系。然而，此规定一出立刻在学界引发了关于侵犯商业秘密罪的罪过形式的争论。第一种观点认为，侵犯商业秘密罪的主观心态只可能为故意而不可能为过失，他们认为："行为人在实施本条第 1 款第 1 项至第 2 项行为的情形下，行为人主观上只能是故意。当行为人在实施本条第 2 款规定的行为时，其主观上是（推定的）故意，即在行为人明知他人是非法获取、披露、使用、允

---

❶ 陈兴良. "应当知道"的刑法界说 [J]. 法学, 2005 (7).

许他人使用商业秘密的情形下，仍然获取使用或者披露该商业秘密的，就属于在明知的情形下的行为。在行为人应知他人是非法获取、披露、使用、允许他人使用商业秘密的情形下，仍然获取使用或者披露该商业秘密的，就属于在应知的情形下的侵犯商业秘密，推定其有故意。"❶ 这种观点将行为人"明知"的情形的罪过形式界定为故意显然有据可循，因为我国《刑法》第 14 条明确将行为人明知构成要件事实的情形的主观罪过规定为故意。而从方法论上将"应当知道"理解为推定故意也是解决问题的一种方案。第二种观点则认为，故意与过失都能成为侵犯商业秘密罪的罪过形式。此说将"应当知道"理解为过失，因为"应当知道"是以"不知"为前提的，因此，行为人在"应知"的主观心理指导下实施的侵犯商业秘密的行为，在罪过形式上应属于疏忽大意的过失。❷ 对于这一观点，学界也存在激烈的批判意见。他们认为刑事责任不同于民事过错责任，民事法律规范将明知与应知置于相同的地位是可以理解的，因为行为人的过错对其所承担的民事责任的影响可以说是很小。例如，《反不正当竞争法》第 10 条第 2 款"披露、使用或者允许他人使用以前项手段获取的权利人的商业秘密"就是实例。但在《刑法》中，不同的罪过形式反映行为人不同的主观恶性，故意的责任远大于过失责任，所以，不能简单的将故意与过失等同看待。❸

为明确"明知"的含义与增强规范的可操作性，我国相继出台了一些司法解释。首次在司法解释中出现"知道"或"应当知道"

---

❶ 高铭暄. 新型经济犯罪研究 [M]. 北京：中国方正出版社，2000：841.
❷ 高铭暄. 新型经济犯罪研究 [M]. 北京：中国方正出版社，2000：842.
❸ 王作富. 刑法分则实务研究（上）[M]. 北京：中国方正出版社，2001：760－761.

字眼的是最高人民法院与最高人民检察院与 1992 年 12 月 11 日联合公布的《关于办理盗窃案件具体应用法律若干问题的解释》。该解释第 8 条第 1 款规定："认定窝赃、销赃罪的'明知'，不能仅凭被告人的口供，应当根据案件的客观事实予以分析。只要证明被告人知道或者应当知道是犯罪所得的赃物而予以窝藏或者代为销售的，就可以认定。"此后，其他诸如《关于审理破坏森林资源刑事案件具有应用法律若干问题的解释》《关于办理侵犯知识产权刑事案件具体应用法律若干问题的解释》《全国部分法院审理毒品犯罪案件工作座谈会纪要》等也都有类似的规定。在有关司法解释陆续出台的过程中，将明知的含义界定为"知道"和"应当知道"的法律体系已经形成，并且在司法实践中发挥了巨大的作用。然而，"应当知道"的性质究竟是什么？将本应属于过失心态的"应当知道"理解为属于故意的明知的含义，是否属于违反罪刑法定原则的扩大解释？"应当知道"在心理状态上到底是属于故意还是过失？这些问题在我国理论界具有争议。陈兴良教授一针见血地指出："不能将应当知道解释为明知的表现形式，应当知道就是不知，不知岂能是明知。"❶ 张明楷教授也发表过相同的看法："应当知道表明行为人事实上还不知道，而明知表明行为人事实上已经知道，故应当知道不属于明知。"❷ 可见两位学者都认为应当知道是以行为人不知为前提。而对"应当知道"的主观归属问题，陈教授主张："应当知道属于故意的范畴，立法者并不是在过失的意义上使用应知一词的，他的真实含义应当是

---

❶ 陈兴良. 中国刑事司法解释的检讨 [M]. 北京：中国检察出版社，2003：76.

❷ 张明楷. 如何理解和认定窝赃、销赃罪中的明知 [J]. 法学评论，1997 (2).

推定知道。"● 张教授则指出："明知是一种现实的认识，而不是潜在的认识，即明知是指行为人已经知道某种事实的存在或者可能存在，而不包括应当知道某种事实存在，否则便混淆了故意与过失。故应当知道不属于明知，只属于过失的范畴。将明知扩大到应当知道，则会违反罪刑法定原则。"● 两者的观点大致上并无差别，都不承认"应当知道"在心理状态上属于故意。但是，结论上的一致并不能掩盖方法论上的差异。陈兴良教授坚持"应当知道"是明知的内涵，只是由于"应当知道"这个概念容易引起歧义，主张引入推定的故意的概念，用"推定知道"代替"应当知道"作为推定故意的认识因素。而张明楷教授则从解释论出发，反对将"应当知道"纳入明知的内涵中，认为"应当知道"可以解释为推定行为人知道，主张"应当知道"是用于证明行为人是否明知的一种方法。

对于"应当知道"的性质及其主观心态归属问题，笔者认为，"应当知道"在主观认识体系里属于他人对行为人的主观认识状态的评价，与行为人自身对构成要件事实的主观认识无关。犯罪故意的故意的主观认识程度包括知道、可能知道、不知道三种状态，而"应当知道"并不属于犯罪故意明知的认识内涵，它本质上只是对行为人主观心理状态的一种认定方式，即通过推定的方式来证明行为人对构成要件事实是否具有认识。正如我国学者所言："从一定意义上讲，应当知道涉及刑事政策的考量，其被司法解释赋予了证明明知心理状态的'兜底'地位，以覆盖司法机关在难以证明被告人肯定知道的情形下通过各种间接证据推定出被告人在当时的情况下有

● 陈兴良. "应当知道"的刑法界说 [J]. 法学, 2005 (7).

● 张明楷. 如何理解和认定窝赃、销赃罪中的明知 [J]. 法学评论, 1997 (2).

知道的主观心态。"❶ 从某种意义上讲，我国司法解释其实也是从认定明知的角度来使用"应当知道"一词的。例如，最高人民法院、最高人民检察院、公安部、国家工商行政管理局于 1998 年 5 月 8 日公布的《关于依法查处盗窃、抢劫机动车案件的规定》第 17 条规定："本规定所称的'明知'，是指知道或者应当知道。有下列情形之一的，可视为应当知道，但有证据证明确属被蒙骗的除外：（一）在非法的机动车交易场所和销售单位购买的；（二）机动车证件手续不全或者明显违反规定的；（三）机动车发动机号或者车架号有更改痕迹，没有合法证明的；（四）以明显低于市场价格购买机动车的。"从该条文可以看出，司法解释为认定明知详细规定了四项基础事实，其主要目的是通过对基础事实的证明完成对行为人明知的推定。可以说，"应当知道"的形式虽在，但其实质内涵已经发生了变化。只是由于立法技术上的原因，将本应为司法技术上的用语适用到了实体法中，造成了理解上的困难。立法者或许已经意识到了这一问题，在最高人民法院于 2009 年 9 月 21 日公布的《关于审理洗钱等刑事案件具体应用法律若干问题的解释》中对有关明知的认定有了新的变化，此变化集中体现在"具有下列情形之一的，可以认定被告人明知系犯罪所得及其收益，但有证据证明确实不知道的除外……"这一规定上。该解释在形式上突破了将明知界定为"知道或者应当知道"的传统范式，取消了"应当知道"的表述，也为"可反驳的客观推定"的认定标准的确立奠定了基础。❷ 这一变化昭

---

❶ 王新. 我国《刑法》中"明知"的含义和认定——基于刑事立法和司法解释的分析 [J]. 法制与社会发展, 2013 (1).
❷ 王新. 我国《刑法》中"明知"的含义和认定——基于刑事立法和司法解释的分析 [J]. 法制与社会发展, 2013 (1).

示了我国刑事立法技术正在不断进步，也为今后类似立法的出现指明了方向。

（二）推定的概念与特征

德国著名证据法学家罗森贝克曾言道："没有哪个学说会像推定学说这样，对推定的概念的界定如此混乱。可以肯定的说，迄今为止人们还不能成功地阐明推定的概念。"❶ 我国学术界关于推定的概念也存在着激烈的争论，有关学者经过仔细的考证，得出的结论是有关推定概念的表述竟有十余种之多。❷ 现在基本上获得现行理论承认的概念认为："推定是指依据法律直接规定或经验规则所确立的基础事实与待证事实之间的常态联系，当基础事实确证时，可认可待证事实的存在，但允许受不利推定的当事人举证反驳的一项辅助证据证明的标准化规则"。❸ 从这一概念可以看出，诉讼过程中的推定具有以下几个特征：（1）法律规定或理性人的经验规则是推定的依据。法律规定可以成为推定的依据这点不难理解，我国《刑法》某些条款和相关司法解释的规定就是最好的例证。例如，最高人民法院于2009年11月4日颁布的《关于审理洗钱等刑事案件具体应用法律若干问题的解释》第1条第2款规定："具有下列情形之一的，可以认定被告人明知系犯罪所得及其收益，但有证据证明确实不知道的除外：（一）知道他人从事犯罪活动，协助转换或者转移财物的；

---

❶ 罗森贝克. 证明责任论 [M]. 庄敬华，译. 北京：中国法制出版社，2002：206.
❷ 关于考证的数据及概念的具体内容参见：褚福民. 刑事推定的基本理论——以中国问题为中心的理论阐释 [M]. 北京：中国人民大学出版社，2012：28-31.
❸ 参见：赵俊甫. 刑事推定论 [M]. 北京：知识产权出版社，2009：23.

（二）没有正当理由，通过非法途径协助转换或者转移财物的；……（七）其他可以认定行为人明知的情形。""法律的生命不在于逻辑而在于经验"，以经验常识为基础成就了推定的合理性。经验法则虽然不同于科学法则那般具有绝对正确性，但其是人们从生产、生活经验中总结出来的有关事物因果关系或状态属性的法则，对某一未知事实的证明具有较强的说服力。司法工作人员在诉讼过程中也时常通过经验法则来对案件事实予以认定。经验法则成为推定依据的事例也并不少见，日常生活中我们也常常运用到推定。例如，"推定官方行为是合法的，从而推定发行福利彩票者是经过法律授权的；推定穿着警服、戴着警号的人就是警察，从而推定他的罚款行为是有法规为依据的。"❶ 理论上也通常根据是否具有法律依据，将推定区分为法律推定与事实推定两类。其中，法律推定又称立法推定，主要是指法律明文规定的推定。而事实推定又称逻辑推定，一般是指司法人员根据经验逻辑进行的推定。❷ （2）须有一定经过确证的基础事实的存在。推定不是空中楼阁，不是沙上建塔，其必须建立在一定的基础事实之上。推定的实质是通过基础事实来证明待证事实，因此，经过确证的基础事实存在是推定必不可少的条件。例如，在上述司法解释中所列举的第（一）至（七）项的具体行为，就是用来认定证明关于洗钱罪明知的基础事实。基础事实存在的目的是为证明推定事实，客观真实的基础事实是保证推定结果证实有效的前提，基础事实必须是在已经被有关证据证明真实之后才能用于推

---

❶ 邓子滨. 刑事法中的推定 [M]. 北京：中国人民大学公安大学出版社，2003：113.

❷ 参见：卞建林. 刑事证明理论 [M]. 北京：中国人民大学公安大学出版社，2004：379.

定。否则，我们将失去讨论推定的基础。（3）基础事实与推定事实之间具有常态的、相当紧密的联系。推定的运用与基础事实和推定事实有着莫大的关联。其中，推定事实又称待证事实，是指通过确证的基础事实来加以证明的事实。基础事实与推定事实之间存在一定程度上的共存关系。❶ 这里说到的"共存关系"，实际上就是指的两种事实之间的紧密的、常态的联系。这种联系是客观存在的，而不是主观的臆想或推测，这种联系又是常态性的、稳固的，而不是短暂的、临时的。虽然不能确保基础事实一定会引起推定事实的发生，但这种发生的可能性应远大于不发生推定事实的可能性。因此，我们必须对用于推定的相关事实之间的关系进行反复分析，只有那些切实可靠的事实关系才能上升为推定。（4）受不利推定的当事人有权举证反驳。尽管基础事实与推定事实之间具有常态的、紧密的联系，但并不能认为基础事实一定会引起推定事实的发生。因此，推定没有达到令人确信的程度，当出现相反的证明力更强的证据时，受不利推定的当事人就有权提出反证。例如，"推定每个黑人或混血儿都是奴隶，除非他能够证明自己是一个自由民。"❷ 因此，推定不等于拟制，法学上常见的拟制为法律拟制。"法学上的拟制是：有意将明知为不同者，等同视之……法定拟制的目标通常在于：将针对一构成要件（T1）所作的规定，适用于另一构成要件（T2）。"❸ 所

---

❶ 参见：邓子滨. 刑事法中的推定 [M]. 北京：中国人民大学公安大学出版社，2003：113.

❷ 参见：J. W. 塞西尔·特纳. 肯尼刑法原理 [M]. 王国庆，李启家，等，译. 北京：华夏出版社，1989：487.

❸ 参见：卡尔·拉伦茨. 法学方法论 [M]. 陈爱娥，译. 台北：台北五南图书出版公司，1996：160.

以，拟制是指不符合某规定的行为适用于某规定，是常用的一种立法方法，不能予以反驳。而推定则是犯罪事实认定过程中的一种证明方法，推定可以提出反证。推定也不同于认定，认定是指通过证据证明达到的确定性结果。而推定则是一种估计，而不是确然性证明，其只是在通过证据证明不能达到目的时的一种可以选择的证明方法。在司法实践中，推定也常成为促成认定目的的手段。理论上也往往根据能否进行反驳，将推定分为可反驳的推定与不可反驳的推定。

毋庸置疑，推定在诉讼过程中有着重大的价值。首先，推定能指导司法工作人员准确发现案件事实。客观事物处于相互联系之中，推定作为一种司法适用技术，能有效地总结与归纳事物间引起与被引起的关系，有助于认识事物的内在规律与本质，及时准确了解案件的真实情况。其次，推定能有效解决某些事实在司法实践中的证明困难问题。不可否认，在诉讼过程中确实存在一些案件事实难以得到证明的情形，如行为人的主观心理状态和内心意图，对是否持有某种违禁品的明知等，由于行为人与案件事实有着直接的利害关系，他可能在诉讼中规避一些对自己不利的事实，也很难想象行为人会做对自己不利的供述。然而，这部分事实又难以通过证据来进行证明，因为司法工作人员不可能看透行为人的内心心理和真实意图。这时如果能充分有效地利用事物之间的共存联系关系，运用推定的方式综合分析难以证明的事实与某些已知基础事实间的相同的本质和规律，在对相对简单的基础事实予以证明的基础上推定待证事实的成立，这样就能很好地解决举证和证明困难问题，有效节约诉讼资源与提高诉讼效率。最后，推定能促进刑事政策的实施，实现立法者预期的价值目标。法律对犯罪构成某些要素设置推定规则能体现国家特定的刑事政策。例如，我国《刑法》第 395 条是关于巨额财产来源不明罪的规定："国家工作人员的财产、支出明显超过合法收入，差额巨大的，可以责令该国家工作人员说明来源，不能说明来源的，差额部分以非法所得论"。这一推定规则的设置体现了国家对贪腐行为予以严厉打击的刑事政策。推定的设置是法益保护价值与人权保障价值相互博弈与平衡的结果，国家所面临的环境和形势不同，所重视的价值也就有所不同。现阶段我国法律中推定的设置体现了对实现国家政策价值的追求，忽视了对处于弱势群体的行为人的价值诉求。

（三）推定的明知的证明逻辑

几乎所有与推定有关的论述都涉及对行为人主观心态与意图的推定，因为对外界来说，人的内心精神层面是难以把握的，尤其是在行为人极力掩饰其内心想法时，更加令人捉摸不透，以致有学者认为："各国的司法实践中，对于精神想象的认定实质上都是在推定"。❶ 因此，推定已经成为诉讼中常用的对明知的认定方式。所谓推定的明知，是从证明的角度对明知所作的分类，具体是指在现有证据难以对行为人的认识状态予以证明的情况下，通过已知基础事实推定出行为人对构成要件事实具有认识。为具体形象的展现推定的方法对明知的认定，下面将通过一个典型案例来进行分析。

莫卫奇涉嫌贩毒无罪释放案：

---

❶ 裴苍龄. 论推定［J］. 政法论坛，1998（4）.

2008 年春节前的一天，熊正江（已被判刑）在一个麻将馆里问莫卫奇是否愿意到云南去运玉石，并给予一定报酬，莫卫奇答应后共到云南运输"货物"两次赚了 2000 元钱。2008 年 4 月，熊正江又找到莫卫奇说要到云南运玉石，莫答应后，两人于 4 月 23 日赶到云南瑞丽，跟刘再华（贩卖毒品罪主犯）见面商谈运输玉石的具体路线，刘再华将装着"玉镯"的黑色行李箱交给莫卫奇，告诉他先坐车到云南芒市再坐飞机到昆明，并且出租车已经安排好，车钱已付。当莫卫奇到达芒市机场办理托运时被安检人员发现 X 光机显示异常，划开包内发现藏有 1027 克高纯度海洛因，至此案发。2008 年 9 月 17 日，云南德宏中级人民法院以莫卫奇犯运输毒品罪判处死刑，莫不服判决上诉到云南高级人民法院，二审认定莫卫奇受他人蒙骗、主观不明知不构成犯罪，判决莫卫奇无罪释放。❶

本案中，行为人莫卫奇能否构成运输毒品罪，关键在于其是否明知是毒品而运输。在以前类似的案件中，行为人一般采取体内藏毒这种较隐蔽的方式运输毒品，这种方式只要一经查实，通常能认为行为人对运输毒品具有明知。然而，现在行为人多用行李、箱包等作掩护的方式运输毒品，一旦被抓获，行为人往往以受他人委托并不知是在运输毒品来辩解，这时对行为人明知的认定就会出现证明困难。对于本案中行为人明知的认定，一审法院认为：第一，行为人实施运输毒品行为已经不是第一次，2008 年春节后至案发前，行为人莫卫奇曾先后四次辗转于云南、广州、上海等地，并且其中

---

❶ 转引自：赵志华. 论毒品犯罪中明知的证明标准 [J]. 证据科学，2013 (21). 有关案情的具体内容参见：红网论坛百姓呼声《湘潭挑夫莫卫奇涉毒案——经历两死一生的始末》。

有两次成功将毒品运往广州、上海。为避免多次往返引人怀疑，行为人在湖南湘潭老家将身份证上的姓名改为"莫玮琦"。第二，经检查，行为人的箱包内只有两个玉镯，经鉴定，实际价值仅20元。而精心藏匿在箱包内的毒品重量却有一公斤之多，只要思维正常的人都应能感觉到包内藏有不明物体。第三，在行为人前往云南芒市机场的途中，其放弃最好最近的路线，却选择不辞劳苦绕道盈江，并在途中遇到流动检查站时刻意躲避，行为举止极其异常。第四，行为人每天仅帮忙运输"玉石"便可获得100元的劳务费，并且在事前有额外500元的补贴，事后还能获得1000元至1200元不等的路费。在如此敏感的边境地区从事获得高额报酬的"带货"活动，行为人难道就没有意识到有任何异样。又因行为人在出发前曾说过"你不会是让我带毒品吧"，这充分说明行为人对运输毒品有认识。一审法院根据《刑法》第347条与最高人民法院于2008年12月1日颁布的《全国部分法院审理毒品犯罪案件工作座谈会纪要》第10条规定，认为行为人的行为符合"以伪报、藏匿、伪装等蒙蔽手段，逃避海关、边防等检查，在其携带、运输、邮寄的物品中查获毒品的"；"行程故意绕开检查站点，在其携带、运输的物品中查获毒品"；"为获取不同寻常的高额、不等值的报酬为他人携带、运输物品，从中查获毒品的"等基础事实，推定行为人对运输毒品具有明知。

针对上述推定，行为人的辩护人提出如下反证：第一，虽然从行为人的箱包内检查到藏有毒品，但当老板（刘再华）将箱包交给他后，他仔细检查，发现包内确实有玉石两块，加上本来就认为刘老板是做玉石生意的，就没有怀疑。第二，至于舍近求远绕道盈江，那是因为，行为人并无决定权，只知道要听从幕后老板的命令，要求他这样做都是熊正江的安排。第三，被告熊正江也承认莫卫奇对运毒并不知情，他只是觉得行为人老实容易被骗。第四，据有关方面统计，2008年，湘潭市城镇居民日平均工资达到38.7元，以每日100元的工资远赴千里之外的云南运输玉石，并不能看作"不同寻常的高额、不等值的报酬"。二审法院采纳辩方意见，认为莫卫奇确属于被蒙骗，不构成对运输毒品的明知。

通过上述对运输毒品案的推理过程分析可以看出，推定在不改变运输毒品罪构成要件的前提下，通过对法律规定的相对清晰的基础事实进行证明，并合理利用基础事实与待证事实间常态、紧密的联系，完成了对行为人明知构成要件事实的证明，有效地解决了主观心态证明困难的问题，节约了诉讼成本，提高了诉讼效率。就连一直以程序优先自居的英美法系也重视对推定的研究。但推定毕竟突破了证据裁判原则、无罪推定原则、有利被告原则为保障刑事诉讼设置的藩篱，是国家强调刑事政策并对各种利益予以平衡考量的结果。再加上"目前我国法律中对法官采纳证据、认定案件事实的活动缺乏必要的规制，相关的证据规则、诉讼规则大量缺失，使得法官在审查判断证据方面具有极大的自由裁量权"，❶ 所以，司法者也乐于运用推定来完成诉讼任务。因此，推定在带来便捷与效率的同时，通常蕴含着侵犯行为人权利的风险。也难怪我国学者将推定称为"一个温柔的陷阱"，❷ 这绝非危言耸听。所以，我们有必要对

---

❶ 褚福民. 刑事推定的基本理论——以中国问题为中心的理论阐释 [M]. 北京：中国人民大学出版社，2012：22.

❷ 参见：邓子滨. 刑事法中的推定 [M]. 北京：中国人民大学公安大学出版社，2003：113.

推定设置一些条件或限制，使之能更好的符合保障人权价值的需要。一般而言，推定须遵循以下规则：（1）并不是只要存在证明困难就必须使用推定，有一部分证明困难是可以通过收集证据予以证明来解决。例如，在上述对毒品案件行为人明知的认定过程中，如果能获取行为人对明知的供述，再辅之以其他证据证明，就能足以认定行为人对构成要件事实存在明知，即使行为人矢口否认，如果能通过获取的其他间接证据形成有效的完整证据链条，同样可以达到证明行为人明知的目的。因此，只有在确实无法获得证据，或者已取得的证据无法对案件事实形成排他性证明的情况下，才可以适用推定或者其他方法，也就是说，推定的适用受到证据规则与程序规则的制约。这点也被认为是适用推定的前提条件。（2）客观准确把握基础事实与推定事实之间的联系。基础事实与推定事实之间的常态、紧密的联系是推定之所以能作为司法技术适用的实质条件。根据法律规定和经验法则归纳总结出的基础事实必须是通过证据证明的事实，经过推定事实与基础事实之间的紧密、常态的联系所得出的推定结论必须是被社会常理所认可的，不能超出一般人的合理想象范围之外。"如果一个推定的结论使一个理智正常的人依经验判断而有所怀疑，或者轻易就能找到否定的根据，那么，这个推定就是不能作出的。"❶（3）确保行为人有反证的权利。推定不同于证据证明，其所得出的结论不是确定的、不可推翻的。通过基础事实与推定事实之间的常态、紧密的联系所得出的推定结论必须是被社会常理所认可的具有较高盖然性的结论。得出这一结论是建立在诉讼

---

❶ 邓子滨. 刑事法中的推定［M］. 北京：中国人民大学公安大学出版社，2003：113.

过程中降低证明标准以及减轻控方举证责任的基础之上的。因此，为保护受不利推定的行为人的利益，应当在程序上给予本处于弱势方的行为人通过证据反证推定结论的权利。至于反证的证明标准并不要求要达到排除一切合理怀疑的程度，只要证明程度达到优势证据或引起合理怀疑即可。❶ 总之，推定并不意味着主观猜想，司法机关在证明行为人的主观心态时可以运用推定的方法，如根据行为人接受物品的时间、地点、价格、数量等，推定行为人是否明知是犯罪所得。但推定应当是以客观事实为根据，应当允许被告人提出相反的证据来推翻推定。推定只能在一定的条件下才能予以采用，不能为追求诉讼效率而用推定代替调查取证。

第三节　违法性认识的认定

所谓违法性认识，就是指行为人认识到自己的行为违反刑法法规。对行为人的违法性认识怎样认定，这是所有主张违法性认识为故意构成要素的学者必须回答的问题。为解决违法性认识的认定问题，我国学者曾尝试着通过大陆法系刑法理论中的"自然犯与法定犯区别说"的内容来说明。他们认为，对杀人、伤害、投毒等明显违背伦理道德的自然犯来说，因其违法性容易被一般人所认识，只要行为人对构成要件事实具有认识，一般就可以推定其具有违法性认识，除非行为人存在对违法性阻却事由的认识错误；而对行政犯

---

❶ 参见：劳东燕. 揭开巨额财产来源不明罪的面纱 [J]. 中国刑事法杂志, 2005 (6).

的违法性认识的认定同自然犯大体一致，只是须赋予行为人提出证据反驳这种推定的权利。❶ 然而，自然犯与法定犯的区分只是相对的，现代社会自然犯与法定犯的界限日渐模糊，况且其区分标准在理论上也一直存在争议。因此，将一个本身就问题不断的理论作为认定违法性认识的标准是不明智的。

笔者认为，因构成要件具有违法推定机能，所以原则上符合构成要件的事实都被推定为具有违法性。照此原理，行为人在对构成要件事实有认识的前提下，一般都具有违法性认识。只是在某些特殊情况下，才例外地予以否认。首先，具有正常刑事责任能力的行为人，在对犯罪构成客观事实有认识的情况下，原则上都能认识到行为的违法性。对于与人们日常生活相关联的杀人、抢劫、放火等行为，不论何时何地，人们都是将其作为犯罪来看待的，即便是不知道刑法对其的具体规定，但凭借朴素的社会正义感和"不得伤害他人"的道德信念，也不得不承认行为人在实施上述行为有违法性认识。对法定犯来说，行为人在对自己行为的性质和内容有认识时，也可以据此认定行为人具有违法性认识。因为法定犯主要是国家基于行政管理的需要而设置的犯罪，其设立也通常是针对一些从事特定行业或具有一定职位的人，一般人很难与之产生交集。另外，国家在设置法定犯时也常征求相关行业和部门乃至个人的意见，有关人士也往往对与其利益攸关的行政法规的废改立相当关心。因此，说这些人在实施犯罪时没有认识到行为的违法性，显然不合常理。即使是对洗钱、偷税等离普通人生活较遥远的犯罪，在现代资讯

---

❶ 参见：贾宇. 罪与刑的思辨［M］. 北京：法律出版社，2003：199 - 200. 刘明祥. 刑法中的错误论［M］. 北京：中国检察出版社，1996：216 - 217.

发达的社会，有关法律规范一经颁布，为方便国民学习和了解，都会通过各种现代传媒手段予以发布，有时甚至会特意安排一定的期限来进行学习或宣传，原则上，行为人也完全有可能认识到自己行为的违法性。

有原则就存在例外，但并不排除在特殊情况下，可以例外地否定行为人具有违法性认识。根据有关学者的研究，这些特殊情况包括："在当时的具体情况之下，行为人无法意识到自己的行为违法"以及"虽然对犯罪事实有认识，但是，存在使其难以意识到自己的行为违法的事实"。● 前者就是指行为人确实不知法律的情形，后者就是常说的出现违法性认识错误，即行为人对法律产生误解的情形。就前者来说，行为人不知法律一般包括以下情形：一是某种行为一向不为法律所禁止，在其某个时期被法律禁止后，行为人因不知法律而实施了行为，这是就不能认定行为人具有违法性认识。二是行为人长期生活地的法律与行为地的法律不一致，致使其了解行为地法律出现困难。例如，外国人初次来中国而不知中国法律不意误犯的情形。第二种情形就是行为人误解法律。在大陆法系刑法理论中又称"包摄错误"或"涵摄错误"，具体是指行为人对于构成要件事实并未出现认识错误，只是因为对于法律规定在刑法解释意义上的错误，致生误会。其出于故意而在客观上具有构成要件该当行为，并非刑法条款所涵摄的行为。在这种错误中，行为人对构成要件的实体内容并没有错误，只是对行为的可罚性有所错误，致误认为其所为之事，不包摄在不法构成要件之中。按理说，行为人误解法律

<hr>

● 参见：黎宏. 论违法性认识的内容及其认定［M］//陈忠林. 违法性认识，北京：北京大学出版社，2006：398.

并不影响对其定罪量刑，因为既然行为人知道了解法律，就应按法律规范的要求行事。否则，只有熟悉法律概念的人才会具有犯罪故意，这与社会一般观念或社会大众的法感不相符合。但如果行为人有正当理由而误解法律时，此时就能认定行为人不具有违法性认识。构成正当理由的情形主要有以下几种：一是出于对法规的信赖，民众很难想象法律会出现错误，法律一经公布实施，人民便会按照法律的要求行事。在法律被宣布无效后，对行为人来说，其相信自己符合法律规范的要求的行为是合法的，是具有正当理由的。二是对有关判例的信赖，判例虽说不是我国的法律渊源，但对一些案件有着重大的指导作用。因为判例具有一定的权威性，如果行为人根据判例来实施自己认为具有合法性的行为，就应认定其不具有违法性认识。三是对公共权威机关的信赖，在现代社会中出于管理社会的需要，大量的法律规范性文件陆续出台，行为人为明确行为的性质，出于善意向有关机关咨询规范内容，如果行为人按照权威机关的意见实施行为而触犯了法律，此时就很难说行为人预见到了自己的行为违法，"这是因为，对于行为人的咨询，有权机关只要说该行为合法，就不可能期待行为人就该行为是不是合法继续进行讨论"。❶ 四是对个人或民间机构的信赖。个人与民间机构在我国并非法律解释、适用的有权主体，行为人就有关法律向执业律师或专家学者咨询，并根据他们的意见实施行为而误犯法律的场合。原则上是具有违法性认识的。这是因为上述人士的看法纯属个人意见，如果此时否认行为人具有违法性，就会出现个人意见左右法律的解释、适用，产

---

❶ 参见：松宫孝明. 刑法总论讲义［M］. 钱叶六，译. 北京：中国人民大学出版社，2013：246.

生破坏法制统一性的结果。但在我国，有一些民间机构具有"准官方机构的性质"，如全国各地方的律师协会以及具有一定官方背景的人民团体等，他们作出的正式回复通常被认为具有一定的权威性。行为人对上述正式回复的信赖应被认为是具有正当理由的，此时应认定行为人不具有违法性认识。

参考文献

一、中文著（译）作

[1] 高铭暄，马克昌. 刑法学［M］. 北京：北京大学出版社，高等教育出版
社，2005.

[2] 高铭暄，马克昌. 刑法学［M］. 北京：中国法制出版社，1999.

[3] 高铭暄. 刑法专论［M］. 北京：高等教育出版社，2002.

[4] 高铭暄. 刑法学原理［M］. 北京：中国人民大学出版社，1993.

[5] 高铭暄. 中国刑法学［M］. 北京：中国人民大学出版社，1989.

[6] 高铭暄. 新中国刑法学研究综述［M］. 郑州：河南人民出版社，1986.

[7] 马克昌. 犯罪通论［M］. 武汉：武汉大学出版社，2003.

[8] 马克昌. 比较刑法原理［M］. 武汉：武汉大学出版社，2002.

[9] 赵秉志. 犯罪总论问题探索［M］. 北京：法律出版社，2003.

[10] 赵秉志. 英美刑法学［M］. 北京：中国人民大学出版社，2004.

[11] 赵秉志. 中国刑法案例与学理研究［M］. 北京：法律出版社，2004.

[12] 赵秉志. 外国刑法原理（大陆法系）［M］. 北京：中国人民大学出版
社，2000.

[13] 赵秉志. 刑法新探索［M］. 北京：群众出版社，1993.

[14] 赵秉志. 全国刑法硕士论文荟萃［M］. 北京：中国人民公安大学出版
社，1989.

［15］赵秉志. 主客观相统一：刑法现代化的坐标——以奸淫幼女型强奸罪为 视角［M］. 北京：中国人民大学出版社，2004.

［16］张明楷. 刑法学［M］. 3 版. 北京：法律出版社，2011.

［17］张明楷. 外国刑法纲要［M］. 北京：清华大学出版社，1999.

［18］陈兴良. 刑法学［M］. 上海：复旦大学出版社，2003.

［19］陈兴良. 刑法哲学［M］. 北京：中国政法大学出版社，1992.

［20］陈兴良. 陈兴良刑法学教科书［M］. 北京：中国政法大学出版社，2003.

［21］陈兴良. 本体刑法学［M］. 北京：商务印书馆，2001.

［22］陈兴良. 刑事法评论（第 2 卷）［M］. 北京：法律出版社，2000.

［23］陈忠林. 违法性认识［M］. 北京：北京大学出版社，2006.

［24］李文燕. 中国刑法学［M］. 北京：中国人民公安大学出版社，1998.

［25］曾宪信等. 犯罪构成论［M］. 武汉：武汉大学出版社，1988.

［26］姜伟. 犯罪故意与犯罪过失［M］. 北京：群众出版社，1992.

［27］刘明祥. 刑法中的错误论［M］. 北京：中国检察出版社，2004.

［28］贾宇. 罪与刑的思辨［M］. 北京：法律出版社，2002.

［29］冯军. 刑事责任论［M］. 北京：法律出版社，1996.

［30］田宏杰. 违法性认识研究［M］. 北京：中国政法大学出版社，1998.

［31］赵长青. 新世纪刑法新观念研究［M］. 北京：人民法院出版社，2001.

［32］何秉松. 刑法教科书［M］. 北京：中国法制出版社，1994.

［33］韩忠漠. 刑法原理［M］. 北京：中国政法大学出版社，2002.

［34］林山田. 刑法通论［M］. 台北：台大法学院图书部，2000.

［35］洪福增. 刑事责任之理论［M］. 台北：台湾刑事法杂志社，1988.

［36］大冢仁. 犯罪论的基本问题［M］. 冯军，译. 北京：中国政法大学出版 社，1993.

［37］木村龟二. 刑法学词典［M］. 顾肖荣，等，译. 上海：上海翻译出版公 司，1991.

参考文献

［38］大谷实. 刑法总论［M］. 黎宏，译. 北京：法律出版社，2003.

［39］耶赛克·魏根特. 德国刑法教科书［M］. 徐欠生，译. 北京：中国法制
　　　出版社，2001.

［40］鲁伯特科罗斯，等. 英国刑法导论［M］. 赵秉志，等. 译. 北京：中国
　　　人民大学出版社，1992.

［41］樊崇义. 证据法学［M］. 北京：法律出版社，2001.

［42］山口厚. 刑法总论［M］. 付立庆，译. 北京：中国人民大学出版社，2009.

［43］姜伟. 罪过形式论［M］. 北京：北京大学出版社，2008.

［44］叶奕乾，等. 普通心理学［M］. 上海：华东师范大学出版社，1997.

［45］杨芳. 犯罪故意研究［M］. 北京：中国人民公安大学出版社，2006.

［46］约书亚·德雷斯勒. 美国刑法精解第四版［M］. 王秀梅，译. 北京：北
　　　京大学出版社，2009.

［47］俄罗斯联邦刑法典［M］. 黄道秀，译. 北京：北京大学出版社，2008.

［48］林钰雄. 新刑法总则［M］. 台北：台湾元照出版社，2011.

［49］西原春夫. 犯罪实行行为论［M］. 江溯，戴波，译. 北京：北京大学出
　　　版社，2006.

［50］冯军. 刑事责任论［M］. 北京：法律出版社，1996.

［51］特拉伊宁. 犯罪构成的一般学说［M］. 薛秉忠，译. 北京：中国人民大
　　　学出版社，1958.

［52］陈家林. 外国刑法通论［M］. 北京：中国人民公安大学出版社，2009.

［53］陈子平. 刑法总论［M］. 北京：中国人民大学出版社，2009.

［54］斯库拉托夫等. 俄罗斯联邦刑法典释义（上）［M］. 黄道秀，译. 中国
　　　政法大学出版社，2000.

［55］张明楷. 犯罪构成体系与构成要件要素［M］. 北京：北京大学出版
　　　社，2010.

［56］克劳斯·罗克辛. 德国刑法学·总论（第1卷）［M］. 王世洲，译. 北

京：法律出版社，1997.

[57] 西田典之. 日本刑法总论 [M]. 刘明祥，王昭武，译. 北京：中国人民大学出版社，2009.

[58] 汉斯·海因里希·耶塞克，托马斯·魏根特. 德国刑法教科书 [M]. 徐久生，译. 北京：中国法制出版社，2009.

[59] 马克昌. 比较刑法原理 [M]. 湖北：武汉大学出版社，2001.

[60] 黎宏. 刑法总论问题的思考 [M]. 北京：中国人民大学出版社，2007.

[61] 日高义博. 不作为犯的理论 [M]. 王树平，译. 北京：中国人民公安大学出版社，1992.

[62] 张明楷. 刑法格言的展开 [M]. 北京：法律出版社，1999.

[63] 陈忠林. 意大利刑法纲要 [M]. 北京：中国人民大学出版社，1999.

[64] 杜里奥·帕多瓦尼. 意大利刑法学原理（注评版）[M]. 陈忠林，译. 北京：中国人民大学出版社，2004.

[65] 松宫孝明. 刑法总论讲义 [M]. 钱叶六，译. 北京：中国人民大学出版社，2013.

[66] 褚福民. 刑事推定的基本理论——以中国问题为中心的理论阐释 [M]. 北京：中国人民大学出版社，2012.

[67] 黄荣坚. 基础刑法学 [M]. 台北：元照出版公司2012.

[68] 张明楷. 日本刑法典 [M]. 北京：法律出版社，2006.

[69] 陈兴良. 教义刑法学 [M]. 北京：中国人民大学出版社，2015.

[70] 周光权. 刑法总论 [M]. 北京：中国人民大学出版社，2016.

[71] 黎宏. 刑法学 [M]. 北京：法律出版社，2012.

[72] 陈兴良. 刑法总论精释 [M]. 北京：人民法院出版社，2015.

[73] 陈兴良. 刑法哲学 [M]. 北京：中国人民大学出版社，2015.

[74] 张明楷. 刑法分则的解释原理 [M]. 北京：中国人民大学出版社，2011.

[75] 张明楷. 刑法格言的展开 [M]. 北京：北京大学出版社，2013.

231

参考文献

［76］周光权. 法治视野中的刑法客观主义［M］. 北京：法律出版社，2013.

［77］周光权. 行为无价值论的中国展开［M］. 北京：法律出版社，2015.

［78］劳东燕. 风险社会中的刑法：社会转型与刑法理论的变迁［M］. 北京：北京大学出版社，2015.

［79］蔡桂生. 构成要件论［M］. 北京：中国人民大学出版社，2015.

［80］付立庆. 犯罪构成理论：比较研究与路径选择［M］. 北京：法律出版社，2010.

［81］陈璇. 刑法中的社会相当性理论研究［M］. 北京：法律出版社，2010.

［82］林钰雄. 新刑法总则［M］. 台北：元照出版有限公司，2014.

［83］冈特·施特拉腾韦特. 刑法总论 I——犯罪论［M］. 杨萌，译. 北京：法律出版社，2006.

［84］克劳斯·罗克辛. 德国最高法院判例：刑法总论［M］. 何庆仁，蔡桂生，译. 北京：中国人民大学出版社，2012.

［85］金德霍伊泽尔. 刑法总论教科书［M］. 蔡桂生，译. 北京：北京大学出版社，2015.

［86］耶赛克·魏特根. 德国刑法教科书（总论）［M］. 徐久生，译. 北京：中国法制出版社，2001.

［87］埃里克·希尔根多夫. 德国刑法学：从传统到现代［M］. 江溯，等，译. 北京：北京大学出版社，2015.

［88］克劳斯·罗克辛. 德国刑法总论（第 1 卷）［M］. 王世洲，译. 北京：法律出版社，2005.

［89］克劳斯·罗克辛. 德国刑法总论（第 2 卷）［M］. 王世洲，译. 北京：法律出版社，2013.

［90］克劳斯·罗克辛. 刑事政策与刑法体系［M］. 蔡桂生，译. 北京：中国人民大学出版社，2011.

［91］许玉秀. 当代刑法学思潮［M］. 北京：中国民主法制出版社，2005.

［92］许玉秀，陈志辉. 不移不惑献身法与正义——许逎曼教授刑事法论文选辑［M］. 北京：春风煦日学术基金 2006.

［93］西田典之. 日本刑法总论［M］. 王昭武，刘明祥，译. 北京：法律出版社，2013.

［94］山口厚. 刑法总论［M］. 付立庆，译. 北京：中国人民大学出版社，2011.

［95］平野龙一. 刑法的基础［M］. 黎宏，译. 北京：中国政法大学出版社，2016.

［96］伊东研祐. 法益概念史研究［M］. 秦一禾，译. 北京：中国人民大学出版社，2014.

［97］日高义博. 违法性的基础理论［M］. 张光云，译. 北京：法律出版社，2015.

［98］高桥则夫. 共犯体系与共犯理论［M］. 冯军，等，译. 北京：中国人民大学出版社，2010.

［99］储槐植，江溯. 美国刑法［M］. 北京：北京大学出版社，2012.

［100］乔治·弗莱彻. 反思刑法［M］. 邓子滨，译，北京：华夏出版社，2008.

［101］道格拉斯·胡萨克. 刑法哲学［M］. 姜敏，译. 北京：中国法制出版社，2015.

［102］李立丰. 美国刑法犯意研究［M］. 北京：中国政法大学出版社，2009.

［103］贝卡利亚. 论犯罪与刑罚［M］. 黄风，译. 北京：中国大百科全书出版社，1993.

［104］卜思天·M. 儒攀基奇. 刑法理念的批判［M］. 丁后盾，等，译. 北京：中国政法大学出版社，2000.

［105］哈伯特·L. 帕克. 刑事制裁的界限［M］. 梁根林，等，译. 北京：法律出版社，2008. （Herbert L Packer, The Limits of the Criminal Sanction,

Stanford：Stanford University Press，1968）

［106］大卫·加兰德. 控制的文化［M］. 周盈成，译. 台北：台湾巨流图书公司，2006.（David Garland，The Culture of Control：Crime and Social Order in Contemporary Society，Chicago：The University of Chicago Press，2001）

［107］米尔伊安·R. 达玛什卡. 司法与国家权力的多种面孔［M］. 郑戈，译. 北京：中国政法大学出版社，2004.

［108］吴宗宪. 西方犯罪学［M］. 北京：法律出版社，2006.

［109］白建军. 关系犯罪学［M］. 北京：中国人民大学出版社，2014.

［110］乔治·B. 沃尔德等. 理论犯罪学［M］. 方鹏，译. 北京：中国政法大学出版社，2005.

［111］韦恩·莫里森. 理论犯罪学：从现代到后现代［M］. 刘仁文，等，译. 北京：法律出版社，2004.（Wayne Morrison，Theoretical Criminology：from modernity to post – modernism，Cavendish Publishing，1995）

［112］斯蒂芬·E. 巴坎. 犯罪学：社会学的理解［M］. 秦晨，等，译. 上海：上海人民出版社，2011.

［113］吴宗宪. 西方犯罪学史（第1—4卷）［M］. 北京：中国人民大学出版社，2010.

［114］普珀. 法学思维小学堂［M］. 蔡圣伟，译. 北京：北京大学出版社，2011.

［115］魏德士. 法理学［M］. 吴越，丁晓春，译. 北京：法律出版社，2003.

［116］沃德·法恩斯沃思. 高手：解决法律难题的31种思维技巧［M］. 丁芝华，译. 北京：法律出版社，2009.

［117］黄茂荣. 法学方法与现代民法［M］. 北京：法律出版社，2007.

［118］吴从周. 概念法学、利益法学与价值法学［M］. 北京：中国法制出版社，2011.

［119］卡尔·拉伦茨. 法学方法论［M］. 陈爱娥，译. 北京：商务印书馆，2003.

［120］考夫曼. 法律哲学 ［M］. 刘幸义，等，译. 北京：法律出版社，2004.

［121］黄宗智. 经验与理论：中国社会、经济与法律的的实践历史研究 ［M］. 北京：中国人民大学出版社，2007.

［122］E. 博登海默. 法理学：法律哲学和法律方法 ［M］. 邓正来，译. 北京：中国政法大学出版社，2004.

［123］约翰·莫里斯·凯利. 西方法律思想简史 ［M］. 王笑红，译. 北京：法律出版社，2010.

［124］雷蒙·阿隆. 社会学主要思潮 ［M］. 葛秉宁，译. 上海：上海译文出版社，2015.

［125］高鸿钧，赵晓力. 新编西方法律思想史 ［M］. 北京：清华大学出版社，2015.

［126］韦恩·莫里森. 法理学：从古希腊到后现代 ［M］. 武汉：武汉大学出版社，2003.

［127］阿图尔·考夫曼，温弗里德·哈斯默尔. 当代法哲学和法律理论导论 ［M］. 郑永流，译. 北京：法律出版社，2002.

［128］列奥·斯特劳斯，约瑟夫·克罗波西. 政治哲学史 ［M］. 李洪润，等，译. 北京：法律出版社，2009.

［129］托克维尔. 论美国的民主 ［M］. 董果良，译. 北京：商务印书馆，1996.

［130］哈耶克. 自由秩序原理 ［M］. 北京：生活·读书·新知三联书店，1997.

［131］斯科特·戈登. 控制国家——西方宪政的历史 ［M］. 应奇，等，译. 南京：江苏人民出版社，2001.

［132］陈兴良，张军，胡云腾. 人民法院刑事指导案例裁判要旨通纂 ［M］. 北京：北京大学出版社，2013.

［133］最高人民法院刑事审判第一、二、三、四、五庭编. 刑事审判参考 ［M］. 北京：法律出版社系列出版物。

参考文献

［134］最高人民法院中国应用法学研究所. 人民法院案例选［M］. 北京：人民法院出版社系列出版物。

［135］国家法官学院，中国人民大学法学院. 中国审判案例要览（刑事审判案例卷）［M］. 北京：中国人民大学出版社，2002—2015.

［136］刘艳红. 开放的犯罪构成要件理论研究［M］. 北京：中国政法大学出版社，2002.

［137］陈磊. 犯罪故意论［M］. 北京：中国人民公安大学出版社，2012.

［138］李兰英. 间接故意研究［M］. 武汉：武汉大学出版社，2006.

［139］袁宏山. 犯罪故意与犯罪过失的适用［M］. 北京：中国人民公安大学出版社，2012.

［140］苏雄华. 犯罪过失理论研究：基于心理本体的三位建构［M］. 北京：法律出版社，2012.

［141］刘明祥. 过失犯研究：以交通过失和医疗过失为中心［M］. 北京：北京大学出版社，2010.

［142］林亚刚. 犯罪过失研究［M］. 武汉：武汉大学出版社，2000.

［143］王海涛. 过失犯罪中信赖原则的适用及界限［M］. 北京：中国人民公安大学出版社，2011.

［144］余振华. 刑事违法性理论研究［M］. 台北：台北元照出版社，2001.

［145］贾宇. 刑事违法性理论研究［M］. 北京：北京大学出版社，2008.

［146］许成磊. 不纯正不作为犯理论［M］. 北京：人民出版社，2009.

［147］松原芳博. 刑法总论重要问题［M］. 王昭武，译. 北京：中国政法大学出版社，2014.

［148］谢望原，钱叶六. 违法性认识与犯罪关系论［M］//陈忠林. 违法性认识，北京：北京大学出版社，2006.

［149］陈兴良. 中国刑事司法解释的检讨［M］. 北京：中国检察出版社，2003.

［150］储槐植，等. 再论复合罪过形式［M］//刑事法评论（第 7 卷），北京：中国政法大学出版社，2000.

［151］蔡墩铭. 刑法争议问题研究［M］. 台北：五南图书出版公司，1999.

［152］林维. 刑法归责构造的欠缺——以丢失枪支不报罪为中心［M］//陈兴良. 刑事法判解（第 2 卷），北京：法律出版社，2012.

［153］苗有水. 持有型犯罪与严格责任［M］//北京大学《刑事法学要论》编辑组. 刑事法学要论——跨世纪的回顾与前瞻，北京：法律出版社，1998.

二、外文著作

［1］山口厚. 刑法总论（第 2 版）［M］. 东京：有斐阁，2007.

［2］浅田和茂. 刑法总论（补正版）［M］. 东京：成文堂，2007.

［3］平野龙一. 刑法总论［M］. 东京：有斐阁，1972.

［4］西原春夫. 刑法总论（上）［M］. 东京：成文堂，1993.

［5］前田雅英. 刑法总论讲义（第 4 版）［M］. 东京：东京大学出版社，2006.

［6］中山研一. 口述刑法总论［M］. 东京：成文堂，2005.

［7］井田良. 讲义刑法学——总论［M］. 东京：有斐阁，2008.

［8］松宫孝明. 刑法总论讲义［M］. 东京：成文堂，2009.

［9］曾根威彦. 刑法的重要问题——总论［M］. 东京：成文堂，2005.

三、论文类

［1］乐国安. 对现代心理学认识理论问题的争论［J］. 自然辨证法通讯，1995（4）.

［2］洪昆辉. 论心理活动信息输入的注意选择原理［J］. 自然心理学研究，(54).

［3］杨朝霞. 认知心理学视角下的初级阶段对外汉字教学［D］. 西安：西安外国语大学硕士论文，2012.

［4］于志刚. 犯罪故意中的认识理论新探［J］. 法学研究，2008（4）.

［5］张明楷. 规范的构成要件要素［J］. 法学研究，2007（6）.

［6］张明楷. 论盗窃故意的认识内容［J］. 法学，2004（11）.

［7］张明楷. 法定刑升格条件的认识［J］. 政法论坛，2009（5）.

［8］张明楷. 严格限制结果加重犯的范围与刑罚［J］. 法学研究，2005（1）.

［9］李永升，王博. 论犯罪故意中的违法性认识［J］. 河北法学，2005（1）.

［10］杨金彪. 社会危害性应当是犯罪故意的认识内容［J］. 云南大学学报，2005（1）.

［11］张庆方. 论违法性认识错误对刑事责任的影响［J］. 烟台大学学报，1998（2）.

［12］蔡桂生. 国际刑法中"明知"要素之研究［J］. 法治论丛，2007（5）.

［13］唐治祥. 对"明知他人有间谍犯罪行为"的理解［J］. 成都教育学院学报，2006（2）.

［14］于志刚. 犯罪故意中认识理论新探［J］. 法学研究，2008（4）.

［15］周光权. 明知与刑事推定［J］. 现代法学，2009（2）.

［16］许乃曼. 刑法上故意与罪责之客观化［J］. 郑昆山，许玉秀，译. 政大法学评论，1996（47）.

［17］张明楷. 如何理解和认定窝赃、销赃罪中的"明知"［J］. 法学评论，1997（2）.

［18］桂亚胜. 故意犯罪的主观构造及其展开［D］. 上海：华东政法大学，2006.

［19］王新. 我国刑法中"明知"的含义和认定——基于刑事立法和司法解释的分析［J］. 法制与社会发展，2013（1）.

［20］吴丹红. 犯罪主观要件的证明——程序法和实体法上的一个连接［J］. 中国刑事法杂志，2010（2）.

［21］皮勇，黄琰. 论刑法中的"应当知道"——兼论刑法边界的扩张［J］. 法学评论，2012（1）.

［22］陈兴良. "应当知道"的刑法界说［J］. 法学，2005（7）.

［23］赵志华. 论毒品犯罪中明知的证明标准［J］. 证据科学，2013（21）.

［24］劳东燕. 揭开巨额财产来源不明罪的面纱［J］. 中国刑事法杂志，2005（6）.

［25］劳东燕. 犯罪故意的要素分析模式［J］. 比较法研究，2009（1）.

［26］劳东燕. 犯罪故意理论的反思与重构［J］. 政法论坛，2009（1）.

［27］储槐植，杨书文. 复合罪过形式探析［J］. 法学研究，1999（1）.

［28］周光权. 论主要罪过［J］. 现代法学，2007（2）.

［29］张明楷. 罪过形式的确定——《刑法》第15条第2款"法律有规定"的含义［J］. 法学研究，2006（3）.

［30］张明楷. 客观的超过要素概念之提倡［J］. 法学研究，1999（3）.

［31］张明楷. 论盗窃故意的认识内容［J］. 法学，2004（11）.

［32］周光权. 偷窃"天价"科研试验品行为的定性［J］. 法学，2004（9）.

［33］梅传强. 论直接故意中的犯罪意志［J］. 重庆大学学报，2004（10）（3）.

［34］贾宇. 论违法性认识应成为犯罪故意的必要条件［J］. 法律科学，1997（3）.

［35］贾宇. 犯罪故意概念的评析与重构［J］. 法学研究，18（4）.

［36］贾宇. 刑法学应创制行为故意概念［J］. 刑事法制，2002（7）.

［37］梅传强. 犯罪故意中"明知"的涵义与内容——根据罪过实质的考察［J］. 四川师范大学学报，2005（1）.

［38］贾宇. 试论犯罪故意中的事实认识［J］. 法制与社会发展，1997（3）.

［39］蒋苏淮. 犯罪故意的认识因素［J］. 江苏警官学院学报，2003（1）.

［40］李韧夫，张英霞. 论英美刑法犯罪故意观［J］. 吉林大学社会科学学报，2003（3）.

［41］叶高峰，彭文华. 试论洗钱罪的几个问题［J］. 郑州大学学报：哲学社会科学版，1998（5）.

［42］林山田. 论刑法总则与刑法分则［J］. 刑事法杂志，年份不详，29（2）.

[43] 单民，史卫忠. 论行为犯主观方面的特征 [J]. 中国刑事法杂志，2001 (1).

[44] 谢望原，柳忠卫. 犯罪成立视野中的违法性认识 [J]. 法学评论，2003 (3).

[45] 贾宇. 论违法性认识应成为犯罪故意的必备要件 [J]. 法律科学，1997 (3).

[46] 李心鉴. 刑法中违法性错误与故意的关系 [J]. 政治与法律，1990 (5).

[47] 童伟华，李希慧. 违法性认识在故意犯罪成立中的地位 [J]. 石油大学学报：社会科学版，2003 (5).

[48] 刘艳红，万桂荣. 论犯罪故意中的违法性认识 [J]. 江海学刊，2003 (5).

[49] 梯德曼. 附属刑法中的构成要件错误与禁止错误 [J]. 林东茂，译. 政大法学评论，(50).

[50] 梅传强. 论直接故意中的犯罪意志 [J]. 重庆大学学报：社会科学版，2004，10 (3).

[51] 王玉铨. 论因果流程错误 [J]. 刑事法杂志，年份不详，44 (3).

[52] 莫晓宇. 对"天价"葡萄案的刑法思考 [J]. 福建公安高等专科学校学报，2004 (4).

[53] 董玉庭. 盗窃罪主观构成要件微探 [J]. 哈尔滨工业大学学报：社会科学版，2003 (3).

[54] 倪德锋. 刑法应切中人的意志——"严格责任原则"质论 [J]. 浙江社会科学，1999 (6).

[55] 邓子滨. 论刑法中的严格责任 [J]. 刑事法评论，1999 (5).

[56] 付霞. 试论英美刑法中严格责任之应然归宿 [J]. 黑龙江省政法管理干部学院学报，2003 (5).

[57] 梁根林. 责任主义刑法视野中的持有型犯罪 [J]. 法学评论，2003 (4).

[58] 苏力. 司法解释、公共政策和最高法院——从最高法院有关"奸淫幼女"的司法解释切入 [J]. 法学，2003 (8).

［59］付立庆. 超越与缺憾——苏力《一个不公正的司法解释》总置评 ［J］. 刑事法评论，2003（13）.

［60］邱兴隆. 一个半公正的司法解释——兼与苏力教授对话 ［J］. 法学研究，2004（6）.

［61］李文燕，邓子滨. 论我国刑法中的严格责任 ［J］. 中国法学，1999（5）.

［62］孙军工.《最高人民法院关于行为人不明知是不满十四周岁幼女双方自愿发生性关系是否构成强奸罪问题的批复》的理解与适用 ［J］. 刑事审判参考，2003（1）.

［63］杨兴培. 犯罪构成的反思与重构 ［J］. 政法论坛，1999（2）.

［64］储怀植. 建议修改故意犯罪定义 ［N］. 法制日报，1991 - 01 - 24.

［65］伍柳村. 试论教唆犯的二重性 ［J］. 法学研究，1982（1）.

［66］陈兴良. 犯罪构成的体系性思考 ［J］. 法制与社会发展，2000（3）.

［67］肖中华. 片面共犯与间接正犯观念之破与立 ［J］. 云南法学，2000（3）.

［68］卢芳. 片面共犯研究 ［J］. 广西政法管理干部学院学报，2003（4）.

［69］邓子滨. 论刑事法中的推定 ［J］. 刑事法评论，2003（13）.

［70］应建廷，黄河. 刑事推定与金融诈骗犯罪非法占有目的的证明 ［J］. 刑事司法指南，2001（4）.

［71］李树昆，卢宇容. 毒品犯罪中"明知"的推定 ［J］. 刑事司法指南，2004（3）.

［72］黄京平，石磊，蒋熙辉. 窝藏、转移、收购、销售赃物罪的认定与处罚 ［J］. 刑事司法指南，2000（2）.

［73］杜晓君. "明知"的推定 ［J］. 刑事法判解，2000（2）.

［74］郑蜀饶. 毒品犯罪证据的运用及重要量刑情节的诉讼审查 ［J］. 刑事司法指南，2002（1）.

［75］张明楷. 如何理解和认定窝赃、销赃罪中的"明知" ［J］. 法学评论，1997（2）.

参考文献

[76] 贾宇. 直接故意与间接故意的新探讨 [J]. 法律科学，1996（2）.

[77] 刘为波，牛克乾. 放任的心理定性 [J]. 政治与法律，2002（4）.

[78] 李兰英. 对"放任"的考究 [J]. 中国刑事法杂志，2001（2）.

[79] 陈兴良. 故意责任论 [J]. 政法论坛，1999（5）.

[80] 吉罗洪. 试论间接故意犯罪与过于自信过失犯罪的异同 [J]. 法学杂志，1989（1）.

[81] 刘为波. 放任包括不希望的态度 [J]. 法学，1999（11）.

[82] 方加亮. 试论刑法中的放任 [J]. 中州学刊，2003（8）.

[83] 刘艳红. 间接故意犯罪的认定 [N]. 武汉大学学报，2003（6）.

[84] 牛忠志，曲海鹏. 重新认识间接故意 [J]. 政法论丛，2002（6）.

[85] 王雨田. 明知必然发生能否放任 [J]. 中国刑事法杂志，2004（4）.

[86] 许玉秀. 区分故意与过失——论认识说 [J]. 政大法学评论，（55）.

[87] 格兰维尔·威廉斯. 论间接故意 [J]. 周叶谦，译. 法学译丛，1988（6）.

[88] 林亚刚. 对"明知必然发生而放任发生"的再认识 [J]. 法学评论，1995（2）.

[89] 张宇琛. 论直接故意与间接故意的中间形态 [J]. 河南教育学院学报：哲学社会科学版，2004（6）.

[90] 英格博格·普佩. 故意与有认识过失之区别 [J]. 许玉秀，译. 政大法学评论，（55）.

[91] 张波. 对"客观的超过要素"的置疑——兼谈犯罪的故意 [J]. 中央政法管理干部学院学报，2000（2）.

[92] 向朝阳，悦洋. 复合罪过形式理论之合理性质疑 [J]. 法学评论，2005（3）.

[93] 金泽刚. 若干个罪的罪过性质问题研究——兼论犯罪故意的含义 [J]. 中国刑事法杂志，1998（6）.

[94] 李居全. 论英国刑法中的犯罪冒失——兼论第三罪过形态 [J]. 法学评论，2003（2）.

[95] 刘明祥. 论目的犯 [J]. 河北法学, 1994 (1).

[96] 张锋. 犯罪目的探析 [J]. 郑州轻工业学院学报, 2004 (4).

[97] 牛忠志. 论犯罪动机——为犯罪动机的构成要件地位而呐喊 [J]. 云南大学学报法学版, 2005 (1).

[98] 梅传强. 双重视野中的犯罪目的 [J]. 现代法学, 2004 (3).

[99] 陈兴良. 目的犯的法理探究 [J]. 法学研究, 2004 (3).

[100] 张小虎. 论我国刑法中犯罪主观方面的含义 [J]. 法学论坛, 1997 (4).

[101] 张明楷. 试论强制猥亵、侮辱妇女罪——兼论猥亵儿童罪 [J]. 法律应用研究, 2001 (5).

[102] 刘明祥. 论目的犯 [J]. 河北法学, 1994 (1).

[103] 李希慧, 王彦. 目的犯论纲 [J]. 刑法论丛, 第 5 卷。

[104] 彭辅顺. 目的犯的目的研究 [J]. 河北法学, 2004 (86).

[105] 邵维国, 吴晓红. 论我国刑法中的目的犯 [J]. 大连海事大学学报: 社会科学版, 2004 (3).

[106] 彭辅顺. 法定犯罪目的的实质探究 [J]. 兰州学刊, 2004 (2).

[107] 李洪川. 论目的犯的目的本质 [J]. 中国青年政治学院学报, 2004 (2).

[108] 姜先良. 论刑法中的非法占有目的 [J]. 刑事法评论, 2003 (13).

[109] 张明楷. 论短缩的二行为犯 [J]. 中国法学, 2004 (3).

[110] 徐安住. 刑法学中亟待修正和补充完善的几个问题 [J]. 河海大学学报: 哲社版, 2000 (1).

[111] 陈兴良. 盗窃罪研究 [J]. 刑事法判解, 1999 (1).

[112] 张明楷. 论财产罪的非法占有目的 [J]. 法商研究, 2005 (5).

[113] 陈兴良. 金融诈骗罪主观目的的认定 [J]. 刑事司法指南, 2000 (1).

[114] 卢勤忠. 金融诈骗罪中的主观内容分析 [J]. 华东政法学院, 2001 (3).

[115] 沈丙友. 金融诈骗犯罪主观目的诉讼证明困境与出路论 [J]. 国家检察官学院学报, 2002 (5).

［116］许其勇．金融诈骗罪的立法重构——从非法占有目的谈起［J］．中国刑事法杂志，2004（3）．

［117］吴巍，黄河．合同诈骗罪犯罪故意形式新论［J］．国家检察官学院学报，2000（4）．

［118］彭四海．何为销售较慢注册商品商品案件的"明知"［N］．中国检察报，1995 – 08 – 29．